Der Dritte Weltkrieg

Schlachtfeld Europa

1. Auflage August 2014

Umschlaggestaltung: Stefanie Huber
Satz und Layout: Agentur Pegasus, Zella-Mehlis
Druck und Bindung: GGP Media GmbH, Pößneck

ISBN 978-3-86445-129-4

MIX
Papier aus verantwortungsvollen Quellen
FSC® C014496

Gerne senden wir Ihnen unser Verlagsverzeichnis
Kopp Verlag
Bertha-Benz-Straße 10
D-72108 Rottenburg
E-Mail: info@kopp-verlag.de
Tel.: (0 74 72) 98 06-0
Fax: (0 74 72) 98 06-11

Unser Buchprogramm finden Sie auch im Internet unter:
www.kopp-verlag.de

Peter Orzechowski

Der Dritte Weltkrieg
Schlachtfeld Europa

Wie die nächste globale Katastrophe unseren Kontinent und damit auch Deutschland treffen wird

KOPP VERLAG

Inhalt

Worum es geht

»Ein Dritter Weltkrieg? Noch dazu in Deutschland? Das ist doch lachhaft!« Oft habe ich diese Stimmen gehört. Aber mir ist das Lachen vergangen. Mir ist das Lachen vergangen, als ich den Vizekanzler und SPD-Vorsitzenden Sigmar Gabriel Mitte April 2014 im Französischen Dom am Berliner Gendarmenmarkt habe sagen hören: »Russland ist offenbar bereit, Panzer über europäische Grenzen rollen zu lassen.«

Mir ist noch einmal das Lachen vergangen, als wenige Tage später Altkanzler Helmut Schmidt die Zuspitzung in der Ukraine mit dem Sommer 1914 verglich und die USA, die EU und Russland davor warnte, »einen Dritten Weltkrieg herbeizureden«. Die aktuelle Krise um die Ukraine sei »zunehmend vergleichbar« mit der Lage Europas im Sommer 1914, sagte Schmidt in einem Interview mit der *Bild*-Zeitung am 16. Mai 2014. »Europa, die Amerikaner, auch die Russen verhalten sich so, wie es der Autor Christopher Clark in seinem lesenswerten Buch über den Beginn des Ersten Weltkriegs beschrieben hat: wie ›Schlafwandler‹«, so Schmidt weiter. »Die Gefahr, dass sich die Situation verschärft wie im August 1914, wächst von Tag zu Tag.«

Das Lachen war mir vergangen, weil die beiden Politiker das bestätigten, was mich seit etwa 20 Jahren beunruhigt: Nach einem kurzen politischen Frühling zwischen dem neuen Russland und dem Westen tauchten langsam die tot geglaubten Feindbilder wieder aus ihren Gräbern auf. Der Ton zwischen den beiden immer noch existierenden Blöcken wurde immer gereizter, gegenseitige Provokationen nahmen zu.

Wenn wir allein die vergangenen drei Jahre betrachten, dann wird deutlich, mit welchem Einsatz hier bereits gepokert wird. Erst gab es monatelang Drohungen der USA und Israels, die iranischen Atomanlagen zu bombardieren. Russland und China hielten dagegen und versicherten, dem für sie so lebenswichtigen Iran beistehen zu wollen. Dann wäre wegen Syrien fast ein Krieg West gegen Ost ausgebrochen. Anfang 2014 kam es zur Krise um die Ukraine. Man fragt sich, wie lange sich die Kriegsparteien noch in Schach halten können und wann es zur Konfrontation kommt.

Vielleicht geht es Ihnen wie mir: Ich bin erschüttert über die Berichterstattung in den deutschen Medien über diese Krisen und vor allem über die in der Ukraine. Dazu müssen Sie wissen, dass ich seit meinem Staatsexamen in Geschichte, Politik und Literatur – heute würde man Bachelor dazu sagen – Journalist war und immer noch bin, und das mit Herz und Seele. Ich bin erschüttert, dass in einfallsloser Schwarz-Weiß-Manier, noch dazu in geradezu gleichgeschalteter Weise, der eine Kontrahent, der russische Präsident Wladimir Putin, zum Bösen ernannt und der andere Kontrahent, die USA, als der ewig Gute hingestellt wird.

Ich erinnere mich noch gut, wie ich in meinem Zeitungsvolontariat vor 36 Jahren den wichtigsten Grundsatz journalistischen Arbeitens eingebläut bekommen habe, und der heißt: Audiatur et altera pars – die Gegenseite muss immer gehört werden. Legen Sie einmal diese Messlatte an die deutschen Medien an. Sie werden staunen, wie wenig diese Grundregel in den Tageszeitungen, den Wochenzeitungen oder Magazinen und in den Nachrichtensendungen von Funk und Fernsehen beachtet wird. Diesen Mangel möchte ich mit diesem Buch beheben.

Ich will mit diesem Buch auch eine weitere Enttäuschung beheben, die ich bei der aktuellen »Berichterstattung« empfinde: Es wird kaum versucht, die Hintergründe aufzuzeigen und nach den Beweggründen der jeweiligen Akteure zu fragen. Stattdessen werden die aktuellen Ereignisse ausgeschlachtet – sie eignen sich ja auch in ihrer Dramatik hervorragend für »Brennpunkte«, »Live-Ticker« und andere Sonderberichterstattungen. Was mich weiter stört: Die lokalen Ereignisse – zum Beispiel in der Ostukraine – werden in den Medien nicht in einen größeren Rahmen gestellt.

Es müsste gefragt werden: Warum geschieht das gerade in der Ukraine oder im Ostchinesischen Meer? Welcher Schachzug der Großmächte steht dahinter? Was ist das dahinterliegende Ziel? Es müsste auch gefragt werden: Cui bono – wem nützt das? Wem nützt das, wenn sich in vielen Ländern der Erde Unruhen ausbreiten? Wem nützt das, wenn sich die früheren Sowjetrepubliken, die jetzt Mitglied der NATO sind, vor ihrem früheren Herrn fürchten? Wem nützt das, wenn es im Fernen Osten zu ständigen Scharmützeln zwischen China und Japan kommt? Die wenigen Internetseiten, die versuchen, diesen Fragen nachzugehen, habe ich am Ende des Buches aufgelistet.

Mich hat nachdenklich gemacht, was viele Wirtschaftssachverständige über das Cui bono gesagt haben. Ich werde darauf zurückkommen. Hier nur kurz so viel: Der amerikanische Publizist Dr. Paul Craig Roberts schrieb am 27. Mai 2014 im Internetdienst *Kopp Online*: »Die Kriege Amerikas wurden geführt, um die Macht Washingtons, den Profit der Banker und der Rüstungsindustrie und die Vermögen amerikanischer Firmen zu steigern.« Und dann zitierte Roberts den Marine-Corps-General Smedley Butler: »Ich habe in allen Dienstgraden vom Unterleutnant bis zum Generalmajor gedient. Während dieser Zeit diente ich überwiegend den Großkonzernen, der Wall Street und den Banken als hochwertiges Muskelpaket. Ich war mit anderen Worten ein Schläger für den Kapitalismus.«

Trotz dieser starken Aussage Smedleys: Es geht mir in diesem Buch nicht um Parteilichkeit. Es geht nicht um die Beschuldigung einer oder die Rechtfertigung der anderen Seite. Es geht nicht um den bösen neoliberalen Kapitalismus und den guten Staatskapitalismus. Oder den guten westlichen und den bösen östlichen Kapitalismus. Es geht nicht um den guten Obama und den bösen Putin oder den bösen Obama und den guten Putin. Diese emotionale, verurteilende Sichtweise bringt niemandem etwas – weder Ihnen noch den anderen Bürgern unseres Landes oder mir. Sie ist nur für Propagandazwecke geeignet, aber nicht für Analyse und klares Denken. Es geht mir darum, ein – im Rahmen meiner Möglichkeiten – umfassendes, ausgewogenes, globales Bild der derzeit höchst angespannten politischen Lage zu zeichnen. Ein Bild wohlgemerkt – und nicht eine Bewertung.

Ich zeichne dieses Bild, weil ich befürchte, dass viele dieses Bild nicht vor Augen haben oder nicht sehen wollen. Auf einen Blick und Nenner gebracht, zeigt dieses Bild zwei Machtblöcke, die demnächst gewaltsam aufeinanderprallen. Die kleinen Männchen in der Bildmitte, die Sie kaum erkennen können, sind übrigens wir, die Deutschen. Will sagen: Deutschland ist mitten drin, aber nur ein kleines Detail im großen Ganzen.

Die Informationen, die ich für dieses Buch zusammengetragen habe, sollen Ihnen helfen, sich Ihr eigenes stimmiges

Bild der Lage machen zu können. Sie wollen Sie anregen, den engen und einseitigen Blick, den die sogenannten Mainstream-Medien – die Quelle unserer täglichen Nachrichten – auf die Ereignisse haben, auf ein größeres Panorama auszuweiten.

Das Bild, das sich durch meine Recherchen ergeben hat, zeigt ein Kräfteringen von USA/NATO auf der einen und Russland/China auf der anderen Seite. Wie im Kalten Krieg ist es auch ein Kampf der Systeme, nämlich der sogenannten freien Marktwirtschaft gegen die staatlich gelenkte. Beide Lager gehören freilich derselben Religion an – dem Kapitalismus. Das meine ich wiederum nicht wertend, wie es etwa ein Marxist täte, sondern als Tatsachenbeschreibung.

Das Ringen hat Mitte der 1990er-Jahre begonnen: Bereits 1994 deuteten die Äußerungen führender russischer Politiker – ich werde das im ersten Kapitel ausführlich darstellen – darauf hin, dass Russland sich vom Trauma des Zusammenbruches der Sowjetunion (1991) erholt hatte und wieder Großmachtansprüche stellte. Es dauerte noch bis zum Amtsantritt von Wladimir Putin Ende 1999, bis sich Russland wieder auf einen eigenen Weg besann und sich nicht mehr vorbehaltlos den westlichen Wünschen ergab. Ab da brachen die alten Gräben wieder auf. Spätestens seit dem 7. Mai 2012, dem Beginn der dritten Amtszeit des russischen Präsidenten Wladimir Putin, ist die Konfrontation offen zutage getreten – wie wir an einigen markanten Beispielen sehen werden.

Heute ist klar und deutlich zu sehen warum: Es geht um die Vorherrschaft über die knapper werdenden globalen Ressourcen und die Kontrolle ihrer Transportwege. Geografisch gesehen geht es also um Eurasien, diese riesige Landmasse von Lissabon bis Wladiwostok. »Hier leben 75 Prozent der Weltbevölkerung, hier liegt der größte Teil der natürlichen Weltressourcen einschließlich der Energievorräte, und hier werden etwa 60 Prozent des Weltbruttosozialproduktes erwirtschaftet.« Zbigniew Brzezinski schrieb diesen Satz. Sie werden gleich im ersten Kapitel noch Spannenderes vom außenpolitischen Berater von US-Präsident Obama lesen.

Im Kampf um Eurasien und seine Ressourcen wird die derzeit noch dominierende Weltmacht USA von zwei wirtschaftlich stark wachsenden und militärisch aufrüstenden Konkurrenten herausgefordert – von Russland und von China. Überall an den Rändern dieser gewaltigen eurasischen Landmasse kommt es zu Verwerfungen und Reibereien – jede Seite will die Randzonen, also Europa und Asien, dominieren, um damit den gesamten Kontinent zu beherrschen.

Ich werde immer wieder auf den Vergleich zwischen 1914 und 2014 zurückkommen. An dieser Stelle bietet sich folgender an: Das Wirtschaftswachstum und der Flottenbau des Deutschen Kaiserreiches hatten vor über 100 Jahren die Weltmacht Großbritannien herausgefordert. Die britische Presse warnte vor der kommenden Bedrohung Englands durch deutsche Schlachtschiffe – ein Propagandatrick, wie wir heute wissen, denn die Kaiserliche Marine war zu keinem Zeitpunkt der *Royal Navy* gewachsen.

Noch sind auch Russland und China keine gleichwertigen Konkurrenten der USA. Dazu müssen wir nur die Militärausgaben der beiden Parteien betrachten: Russland und China wendeten im Jahr 2013 zusammen 276 Milliarden Dollar auf, die USA allein 640 Milliarden Dollar. Wenn wir noch die Alliierten der USA dazurechnen, sind wir bei über einer Billion Dollar, die der Westen pro Jahr für sein Militär ausgibt.

Durch die gewaltige Rüstung des Westens und durch die Kette von Hunderten von US-Stützpunkten entlang ihrer Grenzen und entlang der wichtigsten Handelsrouten auf den Meeren fühlen sich die beiden aufstrebenden Mächte bedroht. Sie unterstellen Washington, einen Angriff auf die beiden eurasischen Staaten zu planen. Ein ähnliches Gefühl herrschte im deutschen Militär 1914 vor, als das Reich durch die Bündnisse der anderen europäischen Mächte eingekreist war.

So weit zu meinem globalen Bild. Als Historiker kam mir dabei sofort in den Sinn, dass es sich hierbei auch um die alte Rivalität zwischen See- und Landmacht handelt. Schon immer haben seefahrende Nationen versucht, ihre Dominanz auf den Meeren auch zu einer Herrschaft über das Land auszudehnen. In der Regel hatten sie für ein paar Jahrhunderte Erfolg damit, bis entweder eine andere Seefahrernation ihnen den Rang ablief oder sich die Landmächte vereinten und die Eroberer von ihrem Boden vertrieben. Wenn wir in die archaischen Zeiten zurückgehen, ist das nichts anderes als der Streit zwischen den Nomaden und den Sesshaften.

Aber zurück in die Gegenwart der Untersuchung. Was mir noch fehlte, war der Fokus auf Deutschland und Europa. Ist dieser Kampf der Großmächte für uns gefährlich? Womit müssen wir rechnen? Was ich mich auch fragte: Wo stehen wir bei dieser Auseinandersetzung? Und welche Auswirkungen hat das auf unsere Gegenwart und unsere Zukunft? Ich werde im Verlauf dieses Buches immer wieder Bezug auf diese Fragen nehmen.

Lassen Sie mich kurz skizzieren, wie sich mein Bild der Weltkriegsgefahr ergeben hat. Gleich im *ersten Kapitel* geht es um das *Warum?* Dazu beleuchte ich die geistigen Grundlagen der derzeitigen Krise: Ich zeige auf, welche Vision amerikanische und russische Politiker leitet. Ich stelle ihre geostrategischen Ziele nebeneinander und damit auch die Beweggründe ihres Handelns. Es geht hier also auch um das *Wer?* Sie werden nach der Lektüre dieses ausführlichen ersten Kapitels – das möchte ich Ihnen jetzt schon versprechen – die täglichen Nachrichten anders lesen, sehen oder hören als heute.

Nachdem uns klar geworden ist, was die Großmächte bewegt, ist es notwendig, einen Blick auf das wirtschaftliche, soziale und militärische Umfeld zu werfen. Denn der gegenwärtige Zustand Deutschlands und Westeuropas entscheidet darüber, wie wir diese Krise überstehen. Im *zweiten Kapitel* wird es also um die Frage des *Wie?* gehen. Um es gleich vorwegzunehmen: Mein Ziel ist dabei nicht, für eine deutsche Wiederaufrüstung zu plädieren. Bis sie in Schwung käme, wären die Würfel ohnehin längst gefallen. Dafür ist es nach meiner Ansicht bereits zu spät. Meine Absicht ist vielmehr, Ihnen zu belegen, dass jetzt tatsächlich ein günstiger Kriegszeitpunkt für die Großmächte ist.

Dass die Militärs beider Seiten das ähnlich sehen, zeigt die Fülle an Provokationen, die sich in den vergangenen Monaten und Jahren ereignet haben. Wenn man alle Geschehnisse, die ich Ihnen im *dritten Kapitel* schildere, zusammenzählt – vom NATO-Raketenabwehrschirm an der russischen Grenze bis zur Fähigkeit der USA, überall auf der Welt einen *Prompt Global Strike*, also einen sofortigen Militärschlag, durchführen zu können; von der rasanten russischen Aufrüstung bis zur Verlegung russischer Truppen in die Arktis –, dann kann man es nicht anders nennen als den »Truppenaufmarsch«. Damit ist auch das *Was?* für den Augenblick beantwortet. Da sich die Ereignisse sehr schnell entwickeln, kann sich allerdings schon in wenigen Wochen nach Erscheinen des Buches vieles geändert haben.

Nachdem alle diese Tatsachen geschildert sind, geht es im *vierten Kapitel* um mögliche Kriegsschauplätze, also das *Wo?* Tatsächlich kommt es schon heute an den Brennpunkten, die ich beschreibe, zu Provokationen und Reibereien – von der

Ukraine und dem Südkaukasus (da gab es schon 2008 einen Fünf-Tage-Krieg zwischen Georgien und Russland) über den Mittleren Osten, vor allem Syrien und Iran, bis in den Fernen Osten, wo sich schon heute Japan, Vietnam und die Philippinen Scharmützel mit China liefern.

Was, wenn sich diese Spannungen weiter erhöhen? Was, wenn aus diesen Provokationen militärische Auseinandersetzungen werden? Was, wenn Deutschland in diese Konflikte verwickelt wird? Diesen Fragen gehe ich im *fünften Kapitel* nach. Aufgrund der bis hierher genannten Fakten entwickle ich vier mögliche Kriegsszenarien und frage, welche Auswirkungen sie jeweils auf Deutschland hätten. Für den schlimmsten anzunehmenden Fall habe ich Ihnen dann zum Schluss noch ein paar Tipps zusammengestellt.

Am Ende des Buches wird dann ein Resümee zu ziehen sein nach dem Motto: Es war noch nie so gefährlich wie heute, was machen wir jetzt?

Noch ein Hinweis: Zur besseren Lesbarkeit habe ich auf Fußnoten verzichtet. Ich persönlich empfinde es als sehr lästig, während der Lektüre ständig am Ende des Buches nachschlagen zu müssen. Sie finden daher die jeweilige Quelle, aus der ich zitiere, immer unmittelbar vor den Zitaten, sodass Sie sich jederzeit über die angegebenen Quellen weiter informieren können. Die zitierten Bücher finden Sie dann mit sämtlichen bibliografischen Angaben im Literaturverzeichnis am Ende des Buches.

1. Der grosse Plan

1.1 Die amerikanische Herrschaft über Eurasien

Beobachtet man das Tagesgeschehen und die Reaktion der Medien darauf, dann wird man den Eindruck nicht los, als kümmere sich niemand um das große Ganze, das »big picture«, wie die Amerikaner das nennen. So als ob alle politischen Entscheidungen nur einer augenblicklichen Stimmung oder einer plötzlichen Idee entspringen. Kein Politiker und auch keine Nation scheinen einen großen Plan, eine Vision zu haben.

Diese allseits verbreitete Einschätzung ist nicht nur naiv, sie ist gefährlich. Denn sie blendet die Tatsache aus, dass die Politiker aller Staaten sich von Denkfabriken, neudeutsch: Think Tanks, beraten lassen und – das zeigt die Geschichte – auch deren Theorie übernehmen als Blaupause für ihre politischen Entscheidungen.

Daher ist es wichtig, sich diese Vordenker anzusehen: meist Wissenschaftler, die sich mit der internationalen Politik befassen, also auch mit Geopolitik. Da einer der ersten und einflussreichsten Geopolitiker, Karl Haushofer, Hitlers geopolitischer Mentor war, ist dieser Begriff heute – zumindest in Deutschland – verpönt. Ich finde den Begriff Geostratege, den ich in diesem Buch verwende, ohnehin passender, denn hier werden Strategien – etwa zur Weltherrschaft – entwickelt. Ich stelle Ihnen nun die wichtigsten amerikanischen Geostrategen vor und zeige ihren Einfluss auf die US-Regierung.

Die einzige Weltmacht

Zunächst müssen wir uns kurz einen Überblick über den Istzustand verschaffen: Die USA haben in mehr als 200 Jahren, bis 2004, nach eigenen Angaben 220 Kriege, militärische Interventionen und CIA-Operationen gegen ausländische Staaten geführt. *Wikipedia* zufolge unterhielten die USA im Jahr 2008 nach eigenen Angaben 761 Militärbasen im Ausland. Die Gesamtzahl der Stützpunkte sei jedoch höher, da verschiedene Basen in dieser Statistik nicht enthalten seien. Experten schätzten im Jahr 2004 die Gesamtzahl der jederzeit einsatzbereiten Stützpunkte auf ungefähr 1000. Hinzuzählen muss man die mobilen Stützpunkte der zurzeit zehn *Carrier Strike Groups*, bestehend aus je einem Flugzeugträger, Lenkwaffenzerstörern, Lenkwaffenkreuzern, Jagd-U-Booten, je einem Transportschiff und je einer Fregatte zur U-Boot-Abwehr. Einige dieser Militärschlaggruppen sind ständig in Krisengebieten unterwegs.

Der einflussreiche US-Politikberater Zbigniew Brzezinski, auf den ich gleich noch ausführlich zu sprechen komme, stellt fest: »Nicht nur beherrschen die Vereinigten Staaten sämtliche Ozeane und Meere, sie verfügen mittlerweile auch über die militärischen Mittel, die Küsten mit Amphibienfahrzeugen unter Kontrolle zu halten, mit denen sie bis ins Innere eines Landes vorstoßen und ihrer Macht politische Geltung verschaffen können. Amerikanische Armeeverbände stehen in den westlichen und östlichen Randgebieten des eurasischen Kontinents und kontrollieren außerdem den Persischen Golf. Wie die … Karte zeigt, ist der gesamte Kontinent von amerikanischen Vasallen und tributpflichtigen Staaten übersät, von denen einige allzu gern noch fester an Washington gebunden wären.«

Seit der Auflösung der Sowjetunion am 31. Dezember 1991 sei die USA nach Brzezinski und zahlreichen anderen politischen Vordenkern die einzig verbliebene Weltmacht. Bezeichnend ist, dass das US-Verteidigungsministerium bereits am 18. Februar 1992 eine *Defense Planning Guidance* entwarf, die am 8. März des gleichen Jahres von der *New York Times* in Auszügen veröffentlicht wurde. In diesen Leitlinien zur Verteidigungsplanung heißt es: »Unser erstes Ziel ist es, den (Wieder-)Aufstieg eines neuen Rivalen zu verhindern.« Die entwickelten Industrieländer müssen davon abgehalten werden, »unsere Führungsrolle infrage zu stellen oder zu versuchen, die etablierte politische und ökonomische Ordnung umzustürzen. Und schließlich müssen wir … mögliche Konkurrenten davon abschrecken, eine größere regionale und globale Rolle auch nur zu erhoffen.« Es werde in Zukunft für die USA darum gehen, »der Beherrschung von Schlüsselregionen durch eine feindliche Macht zuvorzukommen«. Wichtiger Schritt in diese Richtung müsse die »Integration Deutschlands und Japans in ein von Amerika geführtes System kollektiver Sicherheit« sein. Dass diese beiden Länder im Zentrum des amerikanischen Interesses stehen, wird im weiteren Verlauf dieser Untersuchung klar herausgearbeitet.

Fünf Jahre später wurde in Washington ein Komitee mit dem Titel *Project for the New American Century* (PNAC) gegründet. Im Grundsatzprogramm heißt es: Ziel der »nicht-kommerziellen Ausbildungsorganisation« ist, »die weltumspannende Führerschaft der USA zu fördern«. Dieses Ziel könne aber nur dann erreicht werden, wenn die amerikanischen Streitkräfte »heute und in Zukunft über die weltweit überragendsten militärischen Fähigkeiten verfügen«. Die Welt des 21. Jahrhunderts sei – »im Augenblick jedenfalls – eindeutig unipolar, mit Amerika als der einzigen Supermacht der Welt«.

Das »Projekt für das neue amerikanische Jahrhundert« war inner- und außerhalb der USA umstritten. Seine Kritiker warfen der Denkfabrik vor, sie strebe eine Vorherrschaft der USA in der Weltpolitik an und betreibe dafür umfangreiche Lobbyarbeit unter Politikern. Die wichtigsten Akteure des PNAC waren sein Mitbegründer Richard Perle, Berater von George W. Bush 2001 bis 2003, und der Journalist Robert Kagan, von dem gleich noch einmal die Rede sein wird. »Das PNAC bildete einen Teil eines weitreichenden neokonservativen Netzwerks von Denkfabriken, Medien, Bildungseinrichtungen, Stiftungen und Werbe- beziehungsweise PR-Agenturen«, berichtet *Wikipedia*.

Die geostrategische Ausrichtung des PNAC ist klar: Die USA brauchen weltweit und dauerhaft eigene Militärstützpunkte. Als »Welt-Ordnungshüter« haben sie die Macht, in einer chaotischen Welt Ordnung zu schaffen – wenn es sein muss, auch ohne Absprache mit ihren Verbündeten und anderen internationalen Organisationen.

Vorsitzender des PNAC war der Publizist William Kristol, Herausgeber des *Weekly Standard*. Mitglieder waren unter anderem Dick Cheney, Vizepräsident von George W. Bush 2001–2009, Donald Rumsfeld, Verteidigungsminister 1975–1977 und 2001–2006, Paul Wolfowitz, stellvertretender Verteidigungsminister 2001–2005 und Weltbankdirektor 2005–2007, Richard Armitage, Vizeaußenminister 2001–2005, der bereits erwähnte Präsidentenberater Richard Perle, Zalmay

Khalilzad, Botschafter in Afghanistan 2003–2005, im Irak 2005–2007 und bei den Vereinten Nationen 2007–2009, Jeb Bush, ehemaliger Gouverneur von Florida, Bruder des Ex-Präsidenten George W. Bush und Präsidentschaftskandidat der Republikaner 2016, der ehemalige CIA-Direktor James Woolsey sowie der Politologe Francis Fukuyama, auf den ich gleich zu sprechen komme. Zu den Unterzeichnern des Grundsatzprogramms des PNAC gehörte auch Steve Forbes, Herausgeber des *Forbes Magazine*.

Das PNAC wurde im Jahr 2006 aufgelöst. Die 2009 gegründete *Foreign Policy Initiative* gilt als Nachfolgeorganisation des PNAC, dessen Vorstand der bereits erwähnte und später noch einmal beleuchtete Robert Kagan ist.

Am 28. Mai 2014 hat US-Präsident Barack Obama den weltweiten Führungsanspruch Washingtons bekräftigt. »Amerika muss auf der Weltbühne immer führen. Wenn wir es nicht tun, tut es kein anderer«, sagte er in einer außenpolitischen Grundsatzrede in der Militärakademie in West Point (Staat New York). »Isolation ist keine Option.« Das Militär sei »das Rückgrat dieser Führerschaft«, fügte er hinzu. »Unser Militär hat kein gleichwertiges Gegenüber.« Doch die Vereinigten Staaten sollten ihren Führungsanspruch nicht nur militärisch geltend machen, erläuterte er. »Nur weil wir den besten Hammer haben, ist nicht jedes Problem ein Nagel«, sagte er in seiner Rede weiter. Die Stellung der USA sei zu kaum einer anderen Zeit stärker gewesen als gegenwärtig.

Der Niedergang des Westens?

Die »einzige Weltmacht« ist jedoch gefährdet, sagt ein anderer Vordenker. Er hieß Samuel Huntington, war Politikwissenschaftler und Präsidentenberater und einer der wichtigsten Geostrategen der USA. Er starb 2008. Aber sein Buch *Kampf der Kulturen* sorgte 1997 für Furore in den USA und weltweit. Ich habe Huntington im Jahr 1998 persönlich kennengelernt und mir von ihm sein Denkmodell erklären lassen. Ich habe es in meinem Buch *Am Vorabend des Dritten Weltkriegs* ausführlich vorgestellt und möchte mich hier nur auf wenige seiner Grundgedanken beschränken.

Huntington geht von zwei sich gegenseitig bedingenden Annahmen aus: einerseits dem Machtschwund des Westens und andererseits dem Erwachen aller anderen Kulturen. Huntington meint: Nach Jahrhunderten der westlichen Dominanz, in denen zunächst Europa und später vor allem die Vereinten Staaten von Amerika die ganze Welt nach ihrem Belieben gestalten konnten, nach Kolonialismus und Imperialismus, geht die Phase der Expansion des Westens langsam zu Ende. Zwar genießt der Westen zurzeit noch eine eklatante Vormachtstellung. Doch diese Macht ist trügerisch. Von allen Seiten erwachen Ressentiments gegen diese Übermacht.

Sehr viele faktische Belege sprechen für die zu Ende gehende Dominanz des Westens. Verglichen mit dem Höhepunkt der Machtausdehnung um 1920 halbierte sich die vom Westen dominierte Fläche bis 1993 annähernd. Entgegengesetzt versechsfachte sich die vom Islam beherrschte Fläche. Ähnliches zeichnet sich bei den Bevölkerungszahlen ab. Bis 1900 kam knapp ein Drittel der Weltbevölkerung aus dem Westen. Inzwischen sind es gerade einmal noch etwas mehr als zehn Prozent, und die Zahl wird Berechnungen zufolge weiterhin abnehmen.

Aber nicht nur die Anzahl der nicht-westlichen Menschen nimmt zu, sie sind auch zunehmend gebildeter und damit fähig, mit den Westlern zu konkurrieren. Nicht unterschlagen darf man dabei die hohen Geburtenraten und das niedrige Durchschnittsalter von Chinesen, Indern und Menschen des

Islam. Huntington nennt sie zynisch »künftige Arbeiter und Soldaten«. Zunehmend kommen nicht-westliche Volkswirtschaften den westlichen bedrohlich nahe und überflügeln sie gar: Bereits 1991 waren unter den sieben größten Volkswirtschaften vier nicht-westliche (Japan, China, Russland, Indien), und der Trend geht weiter in diese Richtung, wobei der Löwenanteil voraussichtlich an die asiatischen Länder fallen wird.

Diese Fakten sprechen für Huntingtons These des Wiederaufkeimens bisher unterdrückter Kulturen. Der Clinton-Berater stellt sich folgerichtig die Frage: »Kann der Westen sich erneuern, oder wird anhaltende innere Fäulnis einfach sein Ende und/oder seine Unterordnung unter andere, wirtschaftlich und demografisch dynamischere Kulturen beschleunigen?«

Das globale Schachspiel

Zbigniew Brzezinski gilt ebenfalls als graue Eminenz unter Amerikas Globalstrategen. Er war von 1977 bis 1981 Sicherheitsberater von Präsident Carter. In dieser Zeit erwarb er sich den Ruf eines Hardliners bezüglich seiner Politik gegenüber der Sowjetunion. Er befürwortete die Unterstützung der *Mudschaheddin* in Pakistan und Afghanistan, unter anderem durch massive finanzielle Unterstützung der vom pakistanischen Geheimdienst, der CIA und dem britischen MI6 geleiteten Trainingslager – nebenbei bemerkt schon sechs Monate vor dem russischen Einmarsch.

»Diese verdeckte Operation war eine hervorragende Idee. Sie bewirkte, dass die Russen in die afghanische Falle tappten [...]. Am Tag, an dem die Russen offiziell die Grenze überschritten, schrieb ich Präsident Carter: Jetzt haben wir die

Möglichkeit, der UdSSR ihren Vietnamkrieg zu liefern. Und tatsächlich sah sich Moskau während der folgenden zehn Jahre gezwungen, einen Krieg zu führen, den sich die Regierung nicht leisten konnte, was wiederum die Demoralisierung und schließlich den Zusammenbruch des sowjetischen Herrschaftsgebiets zur Folge hatte.« (Brzezinski zitiert nach dem kanadischen Globalisierungskritiker Prof. Michel Chossudovsky in *Wikipedia*)

Nach dem Ende von Carters Regierungszeit war Brzezinski Professor für Politikwissenschaft mit Schwerpunkt Internationale Beziehungen an der *Columbia University* in New York. Und er hatte einen heute berühmten Studenten: Barack Obama. Jetzt ist Brzezinski Professor für US-amerikanische Außenpolitik an der Johns-Hopkins-Universität in Baltimore, Berater am Zentrum für Strategische und Internationale Studien (CSIS) in Washington und geostrategischer Berater des US-Präsidenten. Die Zeitschrift *Economist* schrieb am 14. März 2007, Brzezinski habe während des Präsidentschaftswahlkampfes als »Hirn« hinter Obama gestanden. Auch der Kolumnist der *Washington Post*, David Ignatius, einer der Journalisten mit besten Verbindungen zum Pentagon und zur CIA, nannte Brzezinski »Obamas Berater«.

Brzezinski formuliert, die Vorherrschaft der USA sei die Voraussetzung für Wohlstand und Demokratie in der Welt. Um dieses Ziel zu erreichen, müsse »die einzige Weltmacht« – so auch der Titel seines Buches – der Welt ein globales Ordnungssystem verpassen.

Interessant ist gleich die Einleitung in dem 1997 erschienenen Buch, in der er im ersten Satz schreibt: »Seit den Anfängen der Kontinente übergreifenden politischen Beziehungen vor etwa 500 Jahren ist Eurasien stets das Machtzentrum der Welt gewesen … Inwieweit die USA ihre globale Vormachtstellung geltend machen können, hängt davon ab, … ob sie dort [in Eurasien, Anm. d. Verf.] das Aufkommen einer dominierenden gegnerischen Macht verhindern können … Eurasien ist somit das Schachbrett, auf dem sich … der Kampf um die globale Vorherrschaft abspielen wird.« Am Ende der Einleitung fasst Brzezinski zusammen, es gelte »das Gebot, keinen eurasischen Herausforderer aufkommen zu lassen, der den eurasischen Kontinent unter seine Herrschaft bringen und damit auch für Amerika eine Bedrohung darstellen könnte«.

Die USA sollten ein globales Ordnungssystem errichten, heißt es im ersten Kapitel des Buchs. »Als Teil des amerikanischen Systems muss außerdem das weltweite Netz von Sonderorganisationen, allen voran die *internationalen* [Hervorhebung durch Brzezinski] Finanzinstitutionen, betrachtet werden. Offiziell vertreten der Internationale Währungsfond (IWF) und die Weltbank *globale* [Hervorhebung durch Brzezinski] Interessen und tragen weltweit Verantwortung. In Wirklichkeit werden sie jedoch von den USA dominiert, die sie mit der Konferenz von Bretton Woods im Jahre 1944 aus der Taufe hoben.«

Lesen Sie das Zitat ruhig noch einmal. Es stammt nicht von irgendeinem sogenannten Verschwörungstheoretiker, sondern vom Berater der US-Regierung.

Warum aber versteift sich Amerikas Top-Geostratege auf Eurasien? Er erklärt es im zweiten Kapitel: »Eurasien ist der größte Kontinent der Erde … Eine Macht, die Eurasien beherrscht, würde über zwei der drei höchstentwickelten und wirtschaftlich produktivsten Regionen der Erde gebieten … Nahezu 75 Prozent der Weltbevölkerung leben in Eurasien, und in seinem Boden wie auch Unternehmen steckt der größte Teil des materiellen Reichtums der Welt. Eurasien stellt 60 Prozent des globalen Bruttosozialprodukts und ungefähr drei Viertel der weltweit bekannten Energievorkommen.«

Dann wiederholt Brzezinski seine Hauptthese: »Eurasien ist das Schachbrett, auf dem der Kampf um globale Vorherrschaft ausgetragen wird.« Schon der Nestor der britischen Geopolitik, Harold Mackinder, habe gesagt: »Wer über Osteuropa herrscht, beherrscht das Herzland [Russland, Anm. d. Verf.]. Wer über das Herzland herrscht, beherrscht die Weltinsel [Eurasien, Anm. d. Verf.]. Wer über die Weltinsel herrscht, beherrscht die Welt.«

Die Dominanz auf dem gesamten eurasischen Kontinent, so Brzezinski weiter, müsse das geostrategische Ziel der USA sein. Auf dem Weg dahin gelten drei »große Imperative imperialer Geostrategie: Absprachen zwischen den Vasallen zu verhindern und ihre Abhängigkeit in Fragen der Sicherheit zu bewahren, die tributpflichtigen Staaten fügsam zu halten und zu schützen und dafür zu sorgen, dass die ›Barbaren‹-völker [Schreibweise nach Brzezinski] sich nicht zusammenschließen.« Später im Buch (im dritten Kapitel) präzisiert er diese Aussage: »Tatsache ist schlicht und einfach, dass Westeuropa und zunehmend auch Mitteleuropa weitgehend ein amerikanisches Protektorat bleiben, dessen alliierte Staaten an Vasallen und Tributpflichtige von einst erinnern.«

Deutschland: Amerikas Speerspitze in Europa

Europa ist für Brzezinski ein Vasall der USA, aber einer von größter strategischer Bedeutung. Es ist ihr »unverzichtbarer geopolitischer Brückenkopf auf dem eurasischen Kontinent«. Das »Atlantische Bündnis« verankert den politischen Einfluss und die militärische Macht Amerikas unmittelbar auf dem eurasischen Festland.

Eine zentrale Rolle spielt dabei Deutschland als stärkste europäische Kraft. Aufgrund seiner jüngsten Vergangenheit sieht es »im Engagement für Europa die Grundlage für die nationale Erlösung, während es sicherheitspolitisch auf eine enge Bindung an Amerika nicht verzichten kann«. Das macht es zu Europas Musterknaben und zum stärksten Anhänger Amerikas in Europa.

Brzezinski weiter: Deutschlands Vorreiterrolle des europäischen Einigungsprozesses zu einem einheitlichen Bundesstaat müsse daher kräftig unterstützt werden, schon deswegen, damit mit wachsendem Selbstbewusstsein die deutsche Vorstellung von einer europäischen Ordnung nicht nationalistische Züge annimmt und sich zu einer eigenständigen Politik gegenüber dem Osten und dem Westen entwickelt.

Die europäische Einigung ist aber für die USA vor allem deshalb von größter Bedeutung, weil sich mit jeder Osterweiterung der EU automatisch auch die Einfluss- und Machtsphäre der USA nach Osten erweitert. Diesem in die »postkommunistischen Staaten Mitteleuropas einschließlich der baltischen Republiken, Weißrusslands und der Ukraine und sogar Russlands« führenden Prozess müsse daher größte Aufmerksamkeit gewidmet werden. In ihm komme wiederum Deutschland eine Führungsrolle zu. Denn »in vielerlei Hinsicht entspricht dieses Gebiet dem historischen Einflussbereich konstruktiver deutscher Kultur, den in pränationalistischer Zeit deutsche Städtegründer und bäuerliche Siedler im östlichen Mitteleuropa und in den heutigen baltischen Republiken geformt hatten«. Die Verbreitung der westlichen »Werte« von »Demokratie und Menschenrechten« werde für diese Ausbreitung eine magnetische Anziehungskraft auf die Menschen Osteuropas ausüben.

Mit der Osterweiterung der EU müsse aber die entsprechende Erweiterung der NATO einhergehen: »Sie ist für die transatlantische Verbindung von entscheidender Bedeutung. … Ohne die NATO würde Europa nicht nur verwundbar werden, sondern fast augenblicklich auch politisch in seine Einzelstaaten zerfallen. Die NATO gewährleistet Sicherheit für Europa und gibt einen stabilen Rahmen für die Verfolgung der europäischen Einheit ab. Das macht die NATO für Europa historisch so unverzichtbar … Der entscheidende Punkt bei der NATO-Erweiterung ist, dass es sich um einen ganz und gar mit der Ausdehnung Europas selbst verbundenen Prozess handelt … Ein neues Europa nimmt bereits Gestalt an, und wenn dieses neue Europa geopolitisch ein Teil des ›euro-atlantischen‹ Raums bleiben soll, ist die Erweiterung der NATO von entscheidender Bedeutung. Sollte die von den Vereinigten Staaten in die Wege geleitete NATO-Erweiterung ins Stocken geraten, wäre dies das Ende einer umfassenden amerikanischen Politik für ganz Eurasien.«

Ein russisch dominiertes eurasisches Imperium muss verhindert werden: »Entscheidend für eine fortschreitende Ausdehnung Europas muss die Aussage sein, dass keine Macht außerhalb des bestehenden transatlantischen Systems ein Vetorecht gegen die Teilnahme eines geeigneten europäischen Staates in dem europäischen System – und mithin in dessen transatlantischem Sicherheitssystem – hat und dass kein europäischer Staat, der die Voraussetzungen mitbringt, a priori von einer eventuellen Mitgliedschaft in EU oder NATO ausgeschlossen werden darf.«

Das Ringen um die Ukraine und Aserbaidschan

Um die Vorherrschaft über Eurasien zu erringen, müssten die USA nach Brzezinski die sogenannten »geopoltischen Dreh- und Angelpunkte« kontrollieren: »Die Ukraine, Aserbaidschan, Südkorea, die Türkei und der Iran stellen geopolitische Dreh- und Angelpunkte von entscheidender Bedeutung dar.«

Zur Ukraine schrieb er damals: »Die Ukraine, ein neuer und wichtiger Raum auf dem eurasischen Schachbrett, ist ein geopolitischer Dreh- und Angelpunkt, weil ihre bloße Existenz als unabhängiger Staat zur Umwandlung Russlands beiträgt. Ohne die Ukraine ist Russland kein eurasisches Reich mehr …

Wenn Moskau allerdings die Herrschaft über die Ukraine mit ihren 52 Millionen Menschen, bedeutenden Bodenschätzen und dem Zugang zum Schwarzen Meer wiedergewinnen sollte, würde Russland automatisch die Mittel erlangen, ein mächtiges, Europa und Asien umspannendes Reich zu werden. Verlöre die Ukraine ihre Unabhängigkeit, so hätte das unmittelbare Folgen für Mitteleuropa und würde Polen zu einem geopolitischen Angelpunkt an der Ostgrenze eines vereinten Europa werden lassen.«

Ähnlich zentrale Bedeutung hat für Brzezinski Aserbaidschan mit seinen riesigen Energiequellen. Das Land sei »gewissermaßen der Korken in der Flasche, die die Schätze des Kaspischen Beckens und Zentralasiens enthält«. Das Land sei Einfallstor zu den energiereichen zentralasiatischen Republiken. »Wie im Fall der Ukraine ist auch die Zukunft Aserbaidschans und Zentralasiens für das Wohl und Wehe Russlands bestimmend.«

Zur Bedeutung der Türkei und Irans schreibt er: »Die Türkei stabilisiert das Gebiet um das Schwarze Meer, kontrolliert den Zugang von diesem zum Mittelmeer, bietet Russland im Kaukasus Paroli, bildet immer noch ein Gegengewicht zum islamischen Fundamentalismus und dient als der südliche Anker der NATO.« Der Iran »beherrscht die östliche Küstenlinie des Persischen Golfs, während seine Unabhängigkeit … jeder langfristigen russischen Bedrohung der amerikanischen Interessen in der Golfregion einen Riegel vorschiebt.«

Am Ende des zweiten Kapitels resümiert Brzezinski: »Das gefährlichste Szenario wäre ... eine große Koalition zwischen China, Russland und vielleicht dem Iran, ein nicht durch Ideologie, sondern durch die tief sitzende Unzufriedenheit aller Beteiligten geeintes antihegemoniales Bündnis.«

Fassen wir zusammen: Brzezinski spricht von einer geopolitischen Konfliktzone, dem »Hexenkessel« der nächsten Jahre, dem »eurasischen Balkan«. »Eurasien ist das Schachbrett, auf dem der Kampf um globale Vorherrschaft in Zukunft ausgetragen wird.« Zwischen den westlichen (Westeuropa) und östlichen (Südostasien, Japan) Randgebieten erstreckt sich nach Brzezinski ein »gewaltiger, dünn besiedelter, derzeit politisch instabiler Raum« (Russland). »Südlich von diesem großen zentraleurasischen Plateau liegt eine politisch anarchische, aber an Energievorräten reiche Region.« Um diese Region – die ehemaligen moslemischen Südstaaten der UdSSR – wird das globale Schachspiel gehen. Die Spieler: West gegen Ost, genauer: USA (und Europa?) gegen Russland und China (plus die islamischen Staaten?).

Das außenpolitische Manifest Obamas

Der bereits erwähnte *Washington-Post*-Kolumnist David Ignatius bezeichnet Brzezinskis im Jahr 2004 erschienenes Buch *The Choice: Global Domination or Global Leadership* (zu Deutsch: *Die Wahl: Globale Vorherrschaft oder Globale Führung*) als das »außenpolitische Manifest« von US-Präsident Obama. Leider liegt von dem Werk noch keine deutsche Übersetzung vor. Ich möchte aber seine Grundgedanken kurz vorstellen.

Brzezinski wird in einigen Passagen noch deutlicher als in

seinem Buch *Die einzige Weltmacht.* Die amerikanische Außenpolitik müsse sich aus den Verstrickungen im arabisch-islamischen Raum befreien und sich auf die aufstrebenden Mächte Russland und China konzentrieren. Beide Länder, so fordert der Autor, müssten, da sie die geopolitischen Hauptkonkurrenten der USA seien, gegeneinander ausgespielt und so als Machtfaktoren ausgeschaltet werden. Gelänge dies, dann hätten die USA die Weltherrschaft für das nächste Jahrhundert. Dazu sei es erforderlich, China durch verlockende Angebote aus dem russisch-zentralasiatisch-chinesischen Bündnis der *Shanghai Cooperation Organisation* (SCO; mehr darüber später) herauszulösen und den russischen Einflussbereich zurückzudrängen und in einen amerikanischen umzuwandeln.

Der Plan einer militärischen Besetzung einiger Länder (Afghanistan, Irak) sei gescheitert. Nun müsse die von Europa ausgehende Osterweiterung der NATO Priorität haben, um den US-amerikanischen Einfluss in Eurasien auszuweiten.

Interessant ist in diesem Zusammenhang die Äußerung des Präsidenten des Europarates, des Belgiers Herman Van Rompuy, die Europäische Union werde letztendlich jedes Land an der russischen Westgrenze kontrollieren. Unter Berufung auf die flämische Tageszeitung *De Standaard* berichtete am 2. Mai 2014 das Internetportal *Breitbart,* Van Rompuy habe diese Vision und halte es für einen »inspirierenden Gedanken«, dass sich alle Balkanstaaten, die früher einmal zum sowjetischen Machtbereich gehörten, sowie »das gesamte europäische Gebiet außerhalb Russlands« mit der Europäischen Union verbinden.

Ein aktueller Hinweis: In Moskau hat man diese Absicht natürlich durchschaut. Der offizielle Radiosender *Stimme Russlands* meldete am 2. April 2014: »Die USA beabsichtigen, Zentralasien aus dem Orbit der eurasischen Integration herauszuführen. Nachdem Washington auf der Krim einen Misserfolg erlitt, wird es versuchen, in der Zentralasiatischen Region ›sein Spiel‹ zu spielen.« Dann zitiert der Sender den Politologen Boris Meschujew:

»Das Hauptziel ist die Nichtzulassung jeglichen Bündnisses zwischen China und Russland. Ein eurasischer Block zeichnet sich ja ab: Indien und Afghanistan zeigen, dass sie die russischen Interessen verstehen und unterstützen. Iran wird sich im Orbit der russischen Interessen befinden. Also besteht für die USA die Gefahr eines solchen kontinentalen eurasischen Blocks, in dem es gemeinsame Interessen gibt. Deshalb können sich die USA auf dazwischenliegende Territorien einkeilen, die sich zwischen diesen Zentren der Gewalt befinden. Das sind Usbekistan, Kirgisien und Kasachstan.«

Die Weltkarte des Pentagon

Neben Brzezinski gibt es noch weitere Vordenker, die Amerikas außen- und militärpolitischen Kurs bestimmen. Thomas P.M. Barnett, promoviert in *Havard* bei dem bereits erwähnten Geopolitiker Samuel Huntington und heute einer der wichtigsten amerikanischen Militärstrategen, liefert in seinem Buch *The Pentagon's New Map* (zu Deutsch: *Die neue Weltkarte des Pentagon*) eine Blaupause für das Verständnis amerikanischer Außenpolitik in der Gegenwart und in den kommenden Jahren.

Auch hier gebe ich Ihnen eine kurze Zusammenfassung, weil ich im Buch *Am Vorabend des Dritten Weltkriegs* intensiv auf Barnett eingegangen bin. Stark vereinfacht sieht Barnett und mit ihm das Pentagon die Welt aufgeteilt in zwei Lager: auf der einen Seite die Kernstaaten und auf der anderen Seite die Lückenstaaten.

Die »funktionierenden **Kernstaaten**« zeichnen sich aus durch eine netzwerkartige Verbundenheit, finanzielle Transaktionen, liberale Medien, stabile Regierungen, öffentliche Sicherheit und einen ständig wachsenden Lebensstandard. Kanada und die USA, die Europäische Union, Russland, China, Indien, Australien und Südamerika (mit Ausnahme einiger Randstaaten wie Kolumbien, Bolivien, Ecuador und Peru) sind die Staaten des vernetzten und globalisierten Kerns. Barnett schlägt vor, dass sich die Kernländer – also auch Russland und China – unter den militärischen Schutzschild der USA begeben. Finanziert durch den Rest der Kernstaaten könne das US-Militär weltweit für die Sicherheit des Kerns kämpfen. Die USA sollen jetzt und in Zukunft »die Ausbreitung der Globalisierung fördern und eine internationale Stabilität herstellen« [Übersetzung jeweils durch den Autor, da noch keine deutschsprachige Ausgabe vorhanden]. Die USA können der »Bodyguard der Globalisierung« werden.

Zu diesen Leibwächteraufgaben zählen auch vorbeugende Schläge gegen Länder, die zum Beispiel den Terrorismus unterstützen oder nach Massenvernichtungswaffen streben. Die Legitimation für derlei Militäraktionen sei der Generalauftrag der Kernstaaten an die USA, als deren Weltpolizist aufzutreten. Erlaubt sei, dass die USA auch dann Waffengewalt einsetzen, wenn kein entsprechender UN-Beschluss vorliegt. »Schließlich werden wir entscheiden, unter welchen Bedingungen künftig Kriege geführt werden. Kein Feind kann uns stoppen«, schreibt Barnett.

Die **Lückenstaaten** dagegen seien geplagt von repressiven Regierungen, Armut und Krankheit sowie ständigen inneren Konflikten. Diese Länder sind nach Barnett auch die Brutstätten des derzeitigen und künftigen Terrorismus.

Die amerikanischen Militäreinsätze nach Ende des Kalten Krieges betrafen jeweils Lückenstaaten: Kolumbien, Haiti,

Liberia, Bosnien, den Sudan, Somalia, den Irak, Afghanistan, Pakistan, Libyen. »Je weniger ein Land globalisiert ist«, folgert Barnett, »umso größer ist die Wahrscheinlichkeit, dass die USA Truppen dorthin entsenden, um innere Stabilität wiederherzustellen oder eine Bedrohung der regionalen oder globalen Ordnung abzuwenden.«

Ziel US-amerikanischer Außenpolitik im 21. Jahrhundert muss nach Barnett das Schließen der Lücke sein: Die Staaten Mittelamerikas und des Westens des südamerikanischen Kontinents, Afrika und der Nahe Osten sowie Südostasien müssten in das Netz der globalen Wirtschaft eingebunden werden. Nur dann gehe von ihnen keine Gefahr mehr aus. Um dieses Ziel zu erreichen, seien alle Mittel erlaubt – auch militärische.

Die Achse der Demokratie

Der emeritierte Professor für Wirtschaftswissenschaften an der Universität im kanadischen Ottawa, Michel Chossudovsky, zitiert in diesem Zusammenhang einen »Kriegsführungsplan«, von dem der frühere NATO-Oberbefehlshaber General Wesley Clark gesprochen habe. Dieser Plan schließt nach Clark insgesamt sieben Länder ein: »als Erstes den Irak, dann Syrien, den Libanon, Libyen, den Iran, Somalia und den Sudan«.

Um diese Achse zu zerstören, seien die USA in Zukunft gezwungen, Waffengewalt einzusetzen – wenn es sein müsse, auch im Alleingang. Auch »vorbeugende« Militärschläge mit konventionellen, aber auch Atomwaffen könnten hierzu nötig sein.

Die Einteilung der Welt in Gut und Böse taucht ebenfalls auf in dem Buch *Macht und Ohnmacht*, das der außenpolitische Vordenker des amerikanischen Neokonservativismus, Robert Kagan, 2003 veröffentlicht hat. Kagan ist uns bereits als einer der Hauptakteure des »Projekts für ein neues amerikanisches Jahrhundert« (PNAC) begegnet. In seinem Buch nennt er die Kernstaaten eine Sphäre des Friedens, der Diplomatie, des Rechts, der Gültigkeit von Verträgen und des Wohlstandes, behütet von der militärischen Stärke der USA. In der zweiten Sphäre dagegen herrsche die nackte Gewalt und damit das Recht des Stärkeren. Und hier, in dieser wirklichen Welt der Machtpolitik, finde das Würfelspiel der großen Mächte und ihrer imperialen Interessen um die globale und regionale Machtverteilung im 21. Jahrhundert statt.

In seinem 2008 erschienenen Buch *Die Demokratie und ihre Feinde* erweist sich Kagan, der durch seine Mitgliedschaft in drei maßgeblichen Denkfabriken (*Foreign Policy Initiative* – früher PNAC –, *German Marshall Fund* und *Carnegie Endowment for International Peace*) sowie als Autor für *Washington Post*, *New Republic*, *World Affairs*, *Weekly Standard* und andere Publikationen erheblichen Einfluss hat, als sehr weitblickend. Er schreibt: »… die globalen Spaltungen zwischen dem Club der Autokraten und der Achse der Demokratie« zeigten, dass von einer internationalen Gemeinschaft keine Rede mehr sein könne. Die Weltpolitik von morgen werde von »wachsenden Spannungen zwischen dem transatlantischen Bündnis und Russland« bestimmt werden. Die westlichen Demokratien müssten sich zu einem »globalen Konzert oder einem Bund der Demokratien« zusammenschließen und eine »Liga der demokratischen Staaten ins Leben rufen«.

Dieser »Bund der Demokratien« gebe dann, wie Kagan am 6. August 2007 in der *Washington Post* schrieb, den USA das Recht, militärische Macht einzusetzen, wenn zwei Drittel der Mitgliedsländer dies befürworten. Der UN-Sicherheitsrat wäre damit ausgehebelt. Als Basis dieses Bunds könnte die NATO dienen.

Tatsächlich baut die transatlantische Gemeinschaft seit Jahren an diesem Bund der Demokratie: Da gibt es Kooperationsprojekte, wie zum Beispiel mit den sogenannten »Contact Countries« wie Australien, Neuseeland, Südkorea, Japan, oder im »Partnership for Peace« mit den neutralen europäischen Staaten wie Schweden, Österreich, der Schweiz, Finnland und Irland. Die NATO pflegt auch Sonderbeziehungen zu verschiedenen postsowjetischen Republiken wie der GUAM-Gruppe (Georgien, Ukraine, Aserbaidschan und Moldawien), die uns später noch beschäftigen wird. In ihrem Strategiepapier *Towards a Grand Strategy for an Uncertain World* (zu Deutsch: *Eine große Strategie für eine unsichere Welt*) schrieb die NATO im Jahr 2008: »(Wir) schlagen vor, die langfristige Vision einer Allianz der Demokratien von Alaska bis Finnland anzustreben.«

Der Kampf ums Öl

Wozu soll die Allianz der Kernstaaten dienen? Mit welchem Ziel und zu welchem Nutzen sollen sie sich zusammenschließen?

»Gleichgültig, ob sie noch 40 oder 60 Jahre reichen oder durch die rasante Entwicklung Chinas und der Länder der Dritten Welt nur 25 oder 30 Jahre, wir befinden uns bereits mitten in den militärischen Endverteilungskämpfen um die fossilen Restressourcen des Planeten Erde«, schreibt der Journalist und Abgeordnete im Europäischen Parlament Hans Kronberger in seinem 1998 erschienenen Buch *Blut für Öl. Der Kampf um die Ressourcen*. »Es ist erstaunlich«, fährt Kronberger fort, »wie die Spannungsfelder um die Wende des 19. zum 20. Jahrhundert denen des Überganges vom 20. ins 21. Jahrhundert ähneln.« Kronberger nennt die Erdölfelder des Nahen und Mittleren Ostens, das Kaukasusgebiet und die Staaten nördlich und südlich der Sahara und prognostiziert:

»Das ganze Umfeld der kaukasischen Erdöl- und Erdgasfelder schwärt wie eine eitrige Wunde, die jederzeit zur Blutvergiftung des gesamten Erdballs führen kann. Mitten im Spannungsfeld zwischen Russland und China verdichtet sich der Druck bis an die Grenzen der Explosionskraft. Erste Funken sprühten bereits von Berg-Karabach bis Tschetschenien, von Tadschikistan bis Georgien, von Aserbaidschan bis Kasachstan. Eine Detonation könnte die Anrainerstaaten nicht unberührt lassen, ja, letzten Endes wäre die ganze Welt betroffen. Es ist fraglich, ob Russland und China auf Dauer zusehen werden, wie ihre elementarsten Interessen vor ihrer Haustüre von Dritten [den globalen, US-dominierten Ölmultis, Anm. d. Verf.] wahrgenommen werden. Mit an Sicherheit grenzender Wahrscheinlichkeit ist auszuschließen, dass die Restressourcen der Erde friedlich verteilt werden. Die Gier und die Jagd nach Rohstoffen stehen fast immer hinter Krisenherden, ohne dass man diese Ursachen auf Anhieb erkennt.«

Ich finde, besser als Kronberger kann man das aktuelle Ringen um die eurasischen Ressourcen nicht zusammenfassen. Dieser Kampf um die Sicherung der Ölvorräte und ihrer Transportwege ist allerdings äußerst kostspielig. Die Finanzierung dieses Riesenprojekts mit dem dazugehörenden Wettrüsten könnte den einen oder anderen der Kontrahenten in die Knie zwingen.

Das Schuldenimperium

Die US-Staatsschulden haben sich, so berichtet der *International Monetary Fund*, innerhalb von zehn Jahren fast verdreifacht: Lagen sie 2003 bei 6,731 Billionen US-Dollar, sind sie bis 2013 auf 17,556 Billionen gestiegen. Das *US Department of the Treasury* nennt hier übrigens »nur« 16,74 Billionen Dollar Schulden für 2013.

Sieht man diese US-Staatsverschuldung in Relation zum Bruttoinlandsprodukt (BIP), so liegt sie bei 107,18 Prozent. Einschließlich privater und öffentlicher Schulden – so rechnet der geopolitische Autor William Engdahl in seinem neuen Buch vor, auf das ich später im Zusammenhang mit China zu sprechen komme – beläuft sich der Schuldenberg auf 336 Prozent des jährlichen BIP. Zum Vergleich: Japan hat sich mit 236,56 Prozent des BIP verschuldet, die Bundesrepublik mit 83,04 Prozent. Interessant sind hier die Schlusslichter dieser Tabelle des *International Monetary Fund*: China ist mit 22,16 Prozent und Russland mit 11,03 Prozent seines BIP verschuldet.

Eine interessante Statistik wurde von der *New York Times* erstellt. Danach haben die fünf letzten US-Präsidenten zu den vorhandenen Schulden noch draufgepackt: Ronald Reagan (1981–1989) 13,20 Prozent, George Bush senior (1989–1993) 10,50 Prozent, Bill Clinton (1993–2001) 9,80 Prozent, George W. Bush (2001–2009) 42,70 Prozent und Barack Obama (seit 2009) 16,80 Prozent.

Die entscheidende Frage lautet also: Werden die USA durch Kriegsführung den Bankrott vermeiden oder mindestens hinauszögern wollen? Als Historiker neige ich dazu, nach ähnlichen Szenarien in der Geschichte zu suchen. Und da fällt natürlich sofort auf, dass die US-Wirtschaft sowohl vor Amerikas Eintritt in den Ersten als auch in den Zweiten Weltkrieg in einer ähnlich schwierigen Lage steckte wie heute.

Eine Antwort können auch die Warnungen der Ökonomen geben, die *Kopp Online* am 27. Januar 2014 zitierte. So schrieb der Hedgefondsmanager Kyle Bass: »Schulden in

Billionen-Dollar-Höhe müssen umgeschuldet werden, und Millionen vernünftiger Sparer werden genau zur falschen Zeit in ihrem Leben einen erheblichen Prozentsatz ihrer realen Kaufkraft einbüßen. Die Welt wird nicht untergehen, aber das soziale Gefüge der verschwenderischen Länder wird erheblich belastet werden und in einigen von ihnen zusammenbrechen. Wie ein Blick auf die Wirtschaftsgeschichte zeigt, war Krieg traurigerweise allzu oft Ausdruck einer simplen wirtschaftlichen Entropie mitsamt ihren logischen Konsequenzen. Wir gehen davon aus, dass Krieg eine unvermeidliche Folge der gegenwärtigen weltwirtschaftlichen Lage ist.«

Der erfahrene Anlageberater James Dines sagte einen so epochalen Krieg wie die beiden Weltkriege des vergangenen Jahrhunderts voraus, der im Nahmittelosten beginnen werde. Der in Singapur lebende internationale Investmentberater Marc Faber erklärte, die amerikanische Regierung werde als Folge der Wirtschaftskrise weitere Kriege beginnen: »Als Nächstes wird die US-Regierung irgendwo einen neuen Krieg beginnen, um die Aufmerksamkeit der Bevölkerung von der schlechten wirtschaftlichen Lage abzulenken … Wenn sich die Weltwirtschaft nicht erholt, beginnen die Menschen in der Regel einen Krieg.«

Mitte Januar 2012 fügte Faber hinzu: »Der Dritte Weltkrieg wird in den nächsten fünf Jahren auftreten. Auftreten, das bedeutet, dass der Nahe Osten in die Luft gesprengt wird. Die neuen Regierungen dort werden dem Westen weniger geneigt sein. Der Westen hat auch erkannt, dass er sich China nicht entziehen kann. Der einzige Weg für den Westen, sich China vom Leib zu halten, ist, die Ölleitungen im Nahen Osten zu kontrollieren.«

Wir befinden uns inmitten eines weltweiten Währungskrieges – das heißt, alle Länder wetteifern darin, ihre Währungen am stärksten abzuwerten, um ihre Exporte auf diese

Weise anzukurbeln. Dieser Meinung war die brasilianische Präsidentin Dilma Rousseff bereits 2010, als sie sagte: »Als es das letzte Mal zu einem Währungskrieg kam …, mündete dies in den Zweiten Weltkrieg.«

Jim Rickards, Verfasser des *New-York-Times*-Bestsellers *Währungskriege*, stimmt dem zu: »Historisch betrachtet führen Währungskriege zu Handelskriegen, und die wiederum münden oft in wirkliche Kriege.« 2009 nahm Rickards im Pentagon an der ersten Kriegssimulation eines Finanzkrieges teil. Rickards erklärte, er sei zwar überzeugt, die USA könnten jedes andere Land auf dem Schlachtfeld besiegen, aber Amerika könnte in eine asymmetrische Kriegsführung hineingezogen werden, sollten die Inflation und die weltweite wirtschaftliche Unsicherheit aufgrund von Währungskriegen steigen.

Der Ökonom Martin Armstrong schrieb im August 2013: »Unser größtes Problem besteht darin, dass die Bürokratie einen Krieg will. Damit soll die allgemeine Aufmerksamkeit [einerseits] von der NSA abgelenkt und andererseits deren Vorgehen gerechtfertigt werden. Sie brauchen zudem eine Ablenkung vom wirtschaftlichen Niedergang, der kommen wird.« Alles deute darauf hin, »dass es tatsächlich eine geheime Agenda gibt und Ziele angestrebt werden, die nicht öffentlich diskutiert werden. Dazu gehört aller Wahrscheinlichkeit nach die Schuldenproblematik, und ein Krieg ist notwendig, um den Druck zu Ausgabenkürzungen zu verringern.«

1.2 Das russische Großreich Eurasien

Die entscheidenden politischen Denker der USA warnen vor dem Aufkommen einer großen eurasischen Macht. Ein solches Imperium würde zwangsläufig den Allmachtsanspruch Washingtons infrage stellen.

Will Russland diese neue eurasische Macht sein? Wir müssen uns auch hier – wie im ersten Abschnitt – auf die Suche nach Zeugnissen begeben, die die derzeitige russische Geostrategie beschreiben.

Mit der Auflösung der Sowjetunion am 31. Dezember 1991 verlor Russland als deren völkerrechtlicher Erbe alle anderen Sowjetrepubliken. Das waren von Nord nach Süd die baltischen Staaten Estland, Lettland und Litauen, Weißrussland, die Ukraine und Moldawien und im Süden die zentralasiatischen Republiken Kasachstan, Kirgistan, Tadschikistan, Turkmenistan, Usbekistan, Georgien, Armenien und Aserbaidschan. Russland trat damit 22 Prozent des von ihm beherrschten Gebiets und 49 Prozent seiner Einwohner ab.

Zum Vergleich: Deutschland verlor am Ende des Ersten Weltkriegs Elsass-Lothringen (an Frankreich), Eupen-Malmedy (an Belgien), Westpreußen, Posen und Teile Schlesiens (an Polen), Nordschleswig (an Dänemark), das Hultschiner Ländchen (an die Tschechoslowakei) und alle seine Überseegebiete. Diese Kolonien nicht eingerechnet verlor das Deutsche Reich 13 Prozent seines Landes und zehn Prozent seiner Bevölkerung. Das ostpreußische Gebiet um Königsberg wurde vom Reich getrennt und eine nicht mehr direkt verbundene Exklave – ein ähnlicher Vorgang wie 1991, nur dass diesmal die Exklave russisch blieb. Hier wie dort blieben in den verlorenen Gebieten starke Minderheiten zurück, die zum Teil diskriminiert oder gar unterdrückt wurden.

Zum oft zitierten Vergleich zwischen der Gegenwart und 1914 sagt der Berliner Politologe Herfried Münkler, der 2014 eine 900 Seiten starke Studie mit dem Titel *Der Große Krieg. Die Welt 1914–1918* herausgebracht hat:

»Wenn Sie mich nach Parallelen fragen, könnte man sagen, das kaiserliche Deutschland hat sich 1914 eingekreist gefühlt. Ob es wirklich eingekreist gewesen war, ist eine andere Frage. Aber eben weil sie sich so gefühlt haben, haben sie so reagiert, wie sie reagiert haben. Und das ist sicherlich eine Parallele zur Politik, die Russland im Augenblick betreibt. Sie fühlen sich offenbar eingekreist durch die NATO, vielleicht weniger durch die Europäische Union, sondern durch die Amerikaner dahinter, und reagieren entsprechend darauf. Und man kann an 1914 sehen, wie gefährlich eine solche Entwicklung ist …«

Die größte geopolitische Katastrophe

Russlands Präsident Wladimir Putin hatte in seiner Rede zur Lage der Nation im Jahr 2004 den Untergang der Sowjetunion als »die größte geopolitische Katastrophe des 20. Jahrhunderts« bezeichnet. Zehn Jahre später erinnerte er in seiner Rede vom 18. März 2014 vor Abgeordneten der *Duma* und des Föderationsrates sowie den Gouverneuren des Landes noch einmal an das Ende der UdSSR: »Millionen von Russen gingen in einem Land schlafen und wachten hinter einer Grenze auf; sie wurden in einem Augenblick zu einer nationalen Minderheit in den ehemaligen Sowjetrepubliken, und das russische Volk wurde damals zum größten geteilten Volk der

Welt … Die Menschen fanden sich mit dieser himmelschreienden historischen Ungerechtigkeit nicht ab.«

Auch hier ist die Parallele – selbst in der Wortwahl – zu Reden von deutschen Politikern während der Weimarer Republik nicht zu übersehen. Putin fuhr fort: »Wir haben allen Grund zu der Annahme, dass die sprichwörtliche Eindämmungspolitik gegen Russland, die im 18., im 19. und im 20. Jahrhundert betrieben wurde, auch heute noch fortgeführt wird. Man versucht ständig, uns in irgendeine Ecke zu drängen, und zwar dafür, dass wir eine unabhängige Position vertreten, dafür, dass wir diese verteidigen, und dafür, dass wir die Dinge beim Namen nennen und nicht heucheln.«

Zu den Gebietsverlusten kamen noch die EU- und NATO-Beitritte der ehemaligen »Bruderstaaten« des früheren Warschauer Paktes – in dieser zeitlichen Reihenfolge: Tschechische Republik, Ungarn und Polen (1999 NATO, 2004 EU), Slowakei, Slowenien, die drei baltischen Staaten, Bulgarien und Rumänien (2004 NATO und 2007 EU).

Viele Jahre zuvor, genau am 6. Mai 1991, hatte Frankreichs damaliger Präsident vor dieser NATO-Osterweiterung gewarnt, wie Peter Scholl-Latour in seinem Buch *Russland im Zangengriff* berichtet. »Die ehemaligen Mitglieder des Warschauer Paktes werden danach streben«, hatte François Mitterrand vorhergesehen, »ihre Sicherheit durch separate Vertragsabschlüsse zu gewährleisten. Mit wem? Offenkundig mit der NATO. Aber eine solche Perspektive wird das Gefühl der Isolierung und sogar der Umzingelung bei der UdSSR hervorrufen. Ich bin davon überzeugt, dass ein solcher Weg nicht der richtige für Europa ist.«

Im Jahr 2009 holte die NATO noch weiter aus: Durch die »Östliche Partnerschaft« sollten Aserbaidschan, Armenien, Georgien, Moldawien, Weißrussland und die Ukraine näher an die EU gezogen werden. Sowohl auf der Münchener

Sicherheitskonferenz 2007 als auch auf der Gipfelkonferenz 2008 in Bukarest kommentierte Putin diesen Schritt der EU: »Die Entstehung eines mächtigen militärischen Blocks an unserer Grenze wird als direkte Bedrohung der russischen Sicherheit gesehen werden.«

Die geostrategische Vision

Schon in der Regierungszeit des ersten frei gewählten Präsidenten Russlands, Boris Jelzin, also 1991 bis 1999, setzte sich die Ansicht durch, das Gebiet der früheren Sowjetunion sei die geopolitische Einflusssphäre des neuen Russland. Diesbezügliche Äußerungen gibt es vom pro-westlichen Außenminister Andrej Kosyrew im Januar 1994 und in der regierungsnahen Zeitung *Iswestija* vom 8. April 1994. In dem Artikel heißt es, Russland habe 28 Militärbasen auf dem Boden der neuen unabhängigen Staaten beibehalten können – und verbinde man auf der Landkarte die Stützpunkte in Kaliningrad, Moldawien, auf der Krim, in Armenien, Tadschikistan und auf den Kurilen untereinander mit einer Linie, so ergäben sich ungefähr die Außengrenzen der früheren Sowjetunion.

Jelzins Vizepräsident Alexander Rutzkoj sagte am 15. Juli 1994 in einem Interview mit dem italienischen Magazin *L'espresso*, Russland sei aufgrund seiner geopolitischen Lage die einzige Brücke zwischen Asien und Europa. »Wer auch immer diesen Raum beherrscht, wird der Herr der Welt werden.«

Zwei Jahre später betonte Jelzins kommunistischer Herausforderer bei der Präsidentenwahl, Gennadij Sjuganow, die besondere geistige und missionarische Rolle des russischen Volkes liege in den riesigen Weiten Eurasiens. Russland sei aufgrund seiner Kultur und seiner günstigen geografischen Basis geradezu prädestiniert, weltweit als Führungsmacht aufzutreten.

Das russische Eurasien

Eurasien war schon seit den 1920er-Jahren in den Kreisen der vor den Bolschewisten geflohenen russischen Intelligenz ein geläufiger Begriff. Als Entstehungszeitpunkt des Eurasismus gilt das Jahr 1921, in dem im bulgarischen Sofia der programmatische Sammelband *Aufbruch nach dem Osten* erschien. Darin wird Russland als die bessere Alternative zum nationalistischen Europa bezeichnet und die Besonderheit der russischen geistigen Kultur hervorgehoben. Eurasien sei neben Europa und Asien eine eigenständige Kultur, ein sechster Kontinent, der Knoten und Anfang einer neuen Weltkultur.

Alexander Dugin, ein zeitgenössischer russischer Politologe und Eurasier, sieht Russland »in der Rolle des Befreiers Europas von der amerikanischen politischen, wirtschaftlichen und kulturellen Okkupation«. Dugin ist Professor an der berühmten Moskauer Lomonossow-Universität, tritt in staatlichen Medien auf und verfügt über Kontakte bis hinauf zum Generalstab und in die Präsidialadministration. 2002 gründete Dugin die »Eurasische Partei«. Er führt außerdem die Organisation *Arktogaeja* inklusive des angeschlossenen Verlagshauses.

»Nach dem Kollaps der marxistischen Ideologie und dem Sieg des Westens im Kalten Krieg … kam als Ablösung des Marxismus keine schlüssige und stabile Ideologie, die fähig war, mit dem Liberalismus (der heute von den USA verkörpert wird) zu konkurrieren«, schrieb Dugin 2001 in seinem eurasischen Manifest: »In diesem Moment wandten sich die wissbegierigsten Geister, die reinsten Herzen und die glühendsten Seelen dem Erbe der Eurasier zu.«

Westliche Liberalität wird von Dugin abgelehnt, ja verachtet. Mithilfe eines Rückgriffs auf russische Traditionen, nationalistische Gefühle und den orthodoxen Glauben wird der alte Minderwertigkeitskomplex gegenüber dem Westen in ein Überlegenheitsgefühl umgedeutet. Dugins Traum ist ein *Kreml*-Reich von »Lissabon bis Wladiwostok«.

Der Historiker und Ethnograf Lew Gumiljow behauptet – wie Scholl-Latour in *Russland im Zangengriff* berichtet –, dass Eurasien der natürliche geografische Schauplatz für das besondere Ethos der russischen Bevölkerung sei, das »Ergebnis einer historischen Symbiose zwischen Russen und den nichtrussischen Steppenbewohnern, die eine kulturell und geistig einzigartige Identität geschaffen hat«. Lew Gumiljow beruft sich auf einen Vorläufer, den Fürsten Trubetzkoi, der gesagt hat: »Mit seiner Zerstörung der geistigen Grundlagen und der nationalen Einzigartigkeit des russischen Lebens, der Verbreitung der materialistischen Weltanschauung, die ja Europa wie auch Amerika tatsächlich schon beherrscht, war der Kommunismus in Wirklichkeit eine verschleierte Form des Europäismus. Unsere Aufgabe ist es, eine völlig neue Kultur zu schaffen, unsere eigene Kultur, die der europäischen Zivilisation nicht gleichen wird. Wenn Russland kein Abklatsch europäischer Kultur mehr ist, dann wird es endlich wieder zu sich selbst finden: Russland-Eurasien, das sich als Erbe Dschingis Khans verehrt und sich seines großen Vermächtnisses bewusst ist.«

Im Jahr 2006 erschien in Russland ein Buch, dessen fiktive Story verblüffend prophetische Züge trägt. Das Buch beschreibt die Welt im Jahr 2053. Nur wenige Staaten gibt es noch: Amerika, das von Alaska bis Feuerland herrscht, ein islamisches Kalifat, eine asiatische Himmelsrepublik – und das russische Imperium. Das *Kreml*-Reich erstreckt sich von Kamtschatka bis Grönland, längst gehört auch Westeuropa dazu.

Russlands Wiederaufstieg zum Weltreich, so hat es der Autor Michail Jurjew in *Das dritte Imperium: Russland, wie es sein soll* beschrieben, beginnt in der Ukraine. Als die USA mithilfe ukrainischer Nationalisten in Kiew einen Putsch inszenieren, bitten die Krim und prorussische Regionen im Süden und Osten Russland um Hilfe. Moskau schickt 80 000 Soldaten, es kommt zu einem Krieg mit der NATO, die Ukraine wird geteilt. Im *Kreml* sitzt ein gewisser Wladimir, der Russland fortan immer neue Landstriche einverleibt – bis ein drittes (nach Zarenreich und Sowjetunion) russisches Imperium entsteht.

Wir wissen nicht, ob Russlands Präsident Wladimir Putin *Das dritte Imperium* gelesen hat. Doch das Buch zeigt, dass es geistige Wegbereiter der neoimperialen Wende in Moskau gibt. In der Tat sind Russlands Buchläden voll mit neoimperialen Streitschriften und großrussischen Träumereien wie *Das dritte Imperium*. In ihnen wird nicht unbedingt die Sehnsucht nach einer Rückkehr zur Sowjetzeit sichtbar, sondern »eine Art neuer russischer Nationalismus, der sich aus allen Epochen und Traditionen der russischen Geschichte bedient, der von unten wächst und von oben gefördert wird, der an den Rändern begann und längst im Mainstream der Gesellschaft angekommen ist«, wie Dietmar Ostermann in einem bemerkenswerten Artikel in der *Badischen Zeitung* vom 30. April 2014 schreibt.

Wie attraktiv die Idee eines russischen Sonderweges ist, zeigen seit Jahren Umfragen: Auch ein großer Teil der russischen Jugend übernimmt zwar gern westliche Konsumgewohnheiten, glaubt aber an nationale Besonderheiten und hat mit Demokratie oder westlicher Liberalität wenig im Sinn.

Welchen Einfluss die Gedanken eines russischen Sonderweges und gar eines dritten Imperiums auf die Führung im *Kreml* haben, zeigen Putins Reden, auf die ich gleich noch kommen werde. Dort verweist der Präsident gern auf slawophile Vordenker des 19. und frühen 20. Jahrhunderts. Werke einschlägiger Autoren verschickte der *Kreml* in den Weihnachtsferien laut der Moskauer Tageszeitung *Wedomosti* an Russlands Gouverneure und an Führungskader der Regierungspartei »Einiges Russland«.

Die Soziologin Maria Snegowaja schrieb in *Wedomosti* dazu, Putin sehe die Welt im Kontext eines »Kampfes der Kulturen« (Huntington). Demnach muss sich die slawisch-russische Zivilisation im 21. Jahrhundert gegen die westliche, die chinesische und die islamische Zivilisation behaupten.

Wladimir Putins politische Agenda scheint genau in diese Richtung eines eigenständigen russischen Selbstbewusstseins zu gehen. Er hat in seinen Reden immer wieder Glauben, Werte und Traditionen beschworen und sich damit gegen den Westen positioniert. Am 19. September 2013 sagte er vor dem internationalen Valdai-Forum: »Wir sehen, wie viele euro-atlantische Staaten den Weg eingeschlagen haben, auf dem sie ihre eigenen Wurzeln verneinen beziehungsweise ablehnen, einschließlich der christlichen Wurzeln, die die Grundlage der westlichen Zivilisation bilden. In diesen Staaten werden moralische Grundlagen und jede traditionelle Identität verneint – nationale, religiöse, kulturelle oder sogar geschlechtliche Identitäten werden verneint … Ohne moralische Werte, die im Christentum und in anderen Weltreligionen begründet liegen, ohne Normen und Werte, die sich jahrtausendelang formiert und entwickelt haben, werden die Menschen unvermeidlich ihre Menschenwürde verlieren und zu Unmenschen werden … Wir halten es für richtig und natürlich, diese moralischen, christlichen Werte zu verteidigen und zu wahren.«

Gehen wir noch einmal zurück zu Boris Jelzin. Bereits zu seiner Amtszeit setzte die Orientierung in Richtung China ein. Mit der Ernennung des ehemaligen Kommunisten Jewgenij Primakow zum Außenminister Anfang 1995 sahen viele Beobachter den Schwenk von Jelzins geostrategischer Orientierung. Primakow machte keinen Hehl daraus, dass er eine antihegemoniale Koalition von Russland, China und dem Iran anstrebte. Jelzin reiste nach Peking und unterzeichnete eine Erklärung, in der das Streben nach globaler Hegemonie ausdrücklich verurteilt wurde. Im Dezember des gleichen Jahres erwiderte der chinesische Premierminister Li Peng den Besuch, und beide Seiten bekräftigten die Januar-Erklärung und sprachen sich für den Ausbau des bestehenden russisch-chinesischen Bündnisses aus.

Am 26. April 1996 kam es in Shanghai zur Unterzeichnung eines Fünf-Länder-Abkommens zwischen China, Russland, Kasachstan, Kirgistan und Tadschikistan, das »der Herstellung einer Sphäre der Sicherheit und der Vertrauensbildung« dienen sollte. Dieses Abkommen wurde zur Grundlage für die *Shanghai Cooperation Organization* (SCO), die 2001 als regionale Wirtschafts- und Handelsorganisation gegründet wurde. Neben Russland und China sind die zentralasiatischen Staaten Kasachstan, Kirgisistan (oft auch: Kirgistan), Tadschikistan und Usbekistan Mitglieder der SCO. Der Iran, Pakistan und Indien besitzen Beobachterstatus, sind aber aus unterschiedlichen Gründen noch nicht als Mitglieder zugelassen worden – nicht zuletzt deswegen, weil die SCO-Statuten ein Abkommen über gegenseitige Verteidigung im Falle eines Angriffs auf einen der Mitgliedsstaaten vorsehen. Wenn der Iran in die SCO aufgenommen würde, wäre die SCO bei einem Angriff Israels oder der USA gegen die iranischen Atomanlagen verpflichtet, sich in einem Konflikt zu engagieren, der sehr bald zu einem Dritten Weltkrieg führen könnte.

Die Militärkooperation zwischen Russland und China vertiefte sich seit etwa 2009, als im Rahmen der SCO ihre militärische Zusammenarbeit offiziell beschlossen wurde. Seitdem finden regelmäßig gemeinsame Manöver aller Teilstreitkräfte statt.

Chinas Präsident Xi Jinping ging während der Konferenz für Interaktion und vertrauensbildende Maßnahmen in Asien (CICA) in Shanghai am 20. und 21. Mai 2014 noch einen Schritt weiter. Er forderte ein neues asiatisches Sicherheitsbündnis mit anderen Staaten im asiatischen Raum, darunter Russland und dem Iran (!).

»Wir müssen eine neue regionale Zusammenarbeit im Sicherheitsbereich etablieren«, so Xi gegenüber den Zuhörern, darunter auch Irans Präsident Hassan Rouhani und Russlands Präsident Wladimir Putin. Er regte an, im Zuge der Konferenz auch eine Zentrale für Sicherheitsangelegenheiten zu schaffen, um auf Notfälle reagieren zu können. Mit Blick auf die Vereinigten Staaten sagte er: »Militärbündnisse Dritter sind nicht förderlich für die Aufrechterhaltung der gemeinsamen Sicherheit in der Region.«

CICA entstand im Jahr 1992 nach dem Zusammenbruch der Sowjetunion und hat nach dem Vorbild der OSZE ein stabiles Asien zur Aufgabe. An der Konferenz nehmen inzwischen 26 Staaten teil.

Die Achse Berlin–Moskau–Tokio

Der Vorstoß der NATO in das »nahe Ausland«, wie die offizielle russische Politik die Länder vor den russischen Grenzen nennt, ist das zentrale Thema der Geopolitiker Moskaus – wie bereits erwähnt. Einer der wichtigsten Vordenker, der Vorsitzende des Geopolitischen Ausschusses der *Duma*,

Alexej Mitrofanow, hielt am 18. Februar 1997 eine Grundsatzrede mit dem Titel »Anti-NATO – ein neuer Gedanke für russische Geopolitik. Taktik und Strategie für die heutige Zeit«. Mitrofanow sagte: »Alle heutigen Entwicklungen führen zu Russlands Lostrennung von Europa, zur Schaffung eines Quarantänegürtels von uns unfreundlich gesinnten Staaten in Verbund mit den USA und deren Verbündeten, beide vereinigt in einen an unseren Bereich grenzenden Militärblock. Das führt weiter zu einer fortgesetzten Schwächung, zu zentrifugalen Tendenzen und schließlich zum Zerfall unseres Landes, wonach etwa zehn bis 15 Vasallenstaaten sich bilden, die völlig von ihren Oberherren abhängig wären … Unter den heutigen Bedingungen sind die Vereinigten Staaten der Hauptfeind unseres Landes … Ein Feind ohne Zweifel ist der gesamte aggressive NATO-Block.«

Als Gegengewicht zu den USA fordert der Geostratege eine Achse Berlin–Moskau–Tokio als »militärpolitische Allianz«, gedeckt im Süden durch den »russisch-chinesisch-indischen Block«. Am Schluss seiner Rede vor dem russischen Parlament sagte Mitrofanow: »Wir rufen das deutsche und das japanische Volk auf, ihre erniedrigenden Verfassungen zu zerreißen, die ihre Möglichkeiten in der Innen- und Außenpolitik einschränken. Russland kann diesen Ländern heute geben, was sie am meisten brauchen.«

Ganz auf dieser Linie war Wladimir Putins Rede im Jahr 2010 vor der versammelten deutschen Industrie, in der er einen Wirtschaftsraum von Lissabon bis Wladiwostock forderte. Aufschlussreich sind in diesem Zusammenhang auch zwei diplomatische Vorstöße Russlands und einer Chinas aus jüngster Zeit. Anfang November 2013 weilten Russlands Außenminister Sergej Lawrow und Verteidigungsminister Sergej Schoigu vier Tage in Tokio zu Gesprächen mit ihren japanischen Amtskollegen, Außenminister Fumio Kishida und Verteidigungsminister Itsunori Onodera. Auf der Tagesordnung standen gemeinsame Marinemanöver. Beide Länder unterzeichneten eine Vereinbarung, wonach Russlands Marine und die japanischen »Selbstverteidigungskräfte zur See« gemeinsame Manöver zum Vorgehen gegen Piraterie und zur Terrorismusabwehr durchführen werden. »Wir brauchen eine Zusammenarbeit im Bereich der Sicherheit, um die Beziehungen zwischen Japan und Russland insgesamt zu stärken«, erklärte der japanische Außenminister Fumio Kishida vor Reportern.

Die enge militärische Zusammenarbeit ist Teil des Versuchs Russlands, einen seit dem Ende des Zweiten Weltkriegs schwelenden Konflikt über zwei Inseln beizulegen, der bisher die Unterzeichnung eines Friedensvertrags zwischen beiden Ländern verhindert hat. Die russisch-japanischen Beziehungen wurden durch den von beiden Seiten erhobenen Anspruch auf eine Inselgruppe nördlich von Hokkaido belastet. Die Inseln, die in Japan »Nördliche Territorien« und in Russland »Südliche Kurilen« genannt werden, wurden in den letzten Kriegstagen von der damaligen Sowjetunion besetzt. Die beiden Außenminister einigten sich auf weitere Verhandlungen über einen Friedensvertrag.

Japans Ministerpräsident Shinzō Abe hat seit seiner Amtsübernahme im Dezember 2012 ebenfalls eindeutige Schritte unternommen, um die Verbindung zum russischen Präsidenten Wladimir Putin zu verbessern. Beide trafen 2013 vier Mal zu bilateralen Gesprächen zusammen. Interessant ist, dass Japan seit Beginn des Jahres 2014 schärfere Töne gegenüber China anschlägt – wie wir im Kapitel 4.3 noch sehen werden – und damit eine mögliche Achse Moskau–Peking–Tokio erst einmal wieder von der Tagesordnung gewischt ist.

Gleichzeitig ist Russland bemüht, die jüngsten Offerten der USA für engere militärische Verbindungen zu Indien zu neutralisieren. Russlands Vizeaußenminister Dmitri Rogosin unterbreitete Ende 2013 den Vorschlag, die russischen *Kamow*-Hubschrauber, deren Produktion von einem indisch-russischen Joint Venture betrieben wird, in Indien herzustellen. Die Vereinbarung war das Ergebnis von Gesprächen zwischen dem indischen Premierminister Manmohan Singh und Präsident Wladimir Putin im Oktober.

Zur gleichen Zeit lieferte Russland der indischen Marine einen umgerüsteten russischen Flugzeugträger. Am 16. November 2013 wurde der Flugzeugträger, der jetzt den Namen *INS Vikramaditya* trägt, in Empfang genommen. Im Übrigen betreibt Russland ein Joint Venture mit dem indischen Unternehmen *Hindustan Aeronautics Limited* (HAL) zum Bau des *Fifth Generation Fighter Aircraft* (FGFA) in Indien. Russische Rüstungsgüter machen etwa 70 Prozent von Indiens Waffenkäufen aus. Durch die angebotene Produktion in Indien rückt Russland noch näher an das Land heran.

Auch China beteiligt sich daran, die alte Achse Washington–Berlin–Tokio zu destabilisieren und eine neue zwischen China, Russland und Deutschland aufzubauen. Chinas Präsident Xi Jinping präsentierte bei seinem Besuch in Duisburg, der Stadt mit dem größten Binnenhafen der Welt und einem historischen Transport-Drehkreuz für die europäische und deutsche Stahlindustrie (mit Zentrum Ruhrgebiet), Anfang April 2014 den Vorschlag für den Aufbau einer neuen »Wirtschaftlichen Seidenstraße« zwischen China und Europa. Xi betonte, Deutschland und China seien die beiden wirtschaftlichen Lokomotiven am jeweiligen Ende dieser Seidenstraße. Durch die Kooperation an dieser gemeinsamen Vision einer Eisenbahnverbindung könnten völlig neue Wirtschaftszentren entlang der Route entstehen.

Die Wirtschaftliche Seidenstraße steht im Zentrum der chinesischen Strategie, die westlichen Landesteile zu entwickeln und in den Nachbarländern eine wirtschaftliche Stabilität zu fördern, die gleichzeitig den Nachschub von Rohstoffen sichert und neue Handelsmärkte schafft. Seit seinem Amtsantritt im März 2013 haben Xi und sein Premierminister Russland, Turkmenistan, Kasachstan, Usbekistan und Kirgistan besucht – alle liegen entlang der vorgeschlagenen Route des Seidenstraßenprojekts.

Der wirtschaftliche Nutzen von Eisenbahnverbindungen gegenüber dem Seetransport von chinesischen Häfen nach Europa oder gegenüber der Luftfracht ist enorm. Eine Reise über die Strecke Chongqing–Xinjiang–Duisburg dauert nur 16 Tage, über die Strecke Chengdu–Łódź (Polen) zwölf Tage. Der chinesisch-europäische Eisenbahntransport ist wesentlich schneller als der Seetransport, der 40 bis 50 Tage braucht, und er ist deutlich billiger als der Luftweg.

Putins Welt

Mit dem Ende der Sowjetunion begann der Kampf um Eurasien. Die zentralasiatischen früheren Sowjetrepubliken waren von Anfang an Dreh- und Angelpunkt der US-amerikanischen und russischen Begehrlichkeiten. Wer diesen Kampf ausführlich studieren möchte – und er ist dieses Studiums wert –, dem empfehle ich das akribisch recherchierte und brillant aufbereitete 1245-Seiten-Buch von Bernhard Rode *Das Eurasische Schachbrett.* Rode hat zahlreiche Quellen zitiert – das Buch führt 4885 Fußnoten an. Hier möchte ich mich aus Platzgründen nur auf die wichtigsten geopolitischen Gedanken und Fakten beschränken.

Die vom russischen Präsidenten Wladimir Putin am 10. Januar 2000 vorgestellte »Konzeption der nationalen Sicherheit der Russischen Föderation« gibt einen ersten Einblick in das geopolitische Denken des gerade zehn Tage regierenden Jelzin-Vertrauten. In der Präambel heißt es: »Russland … spielt durch sein bedeutendes wirtschaftliches, wissenschaftlich-technisches und militärisches Potenzial sowie durch seine einzigartige Lage auf dem eurasischen Kontinent objektiv weiterhin eine wichtige Rolle in den globalen Prozessen.«

Das Strategiepapier spricht im Folgenden davon, dass die gegenwärtige Weltordnung von zwei »sich gegenseitig ausschließenden Tendenzen« geprägt sei: »Es verstärkt sich die Tendenz zur Herausbildung einer monopolaren Weltstruktur bei wirtschaftlicher und militärischer Dominanz der USA«, die »auf einseitige, vor allem militärische und gewaltsame Lösungen von Schlüsselproblemen der Weltpolitik unter Umgehung der grundlegenden Normen des Völkerrechts ausgerichtet« sei. »Der Übergang der NATO«, heißt es später weiter, »zur Praxis der gewaltsamen militärischen Aktivitäten außerhalb der Verantwortungszone des Blocks und ohne Billigung des Sicherheitsrates der UN … hat die Gefahr der Destabilisierung der gesamten strategischen Situation in der Welt zur Folge.«

Später wird das Strategiekonzept noch deutlicher und warnt vor »der Möglichkeit des Auftauchens ausländischer Militärbasen und großer militärischer Kontingente in unmittelbarer Nähe der russischen Grenzen«. Auch das Entstehen und die Eskalation von Konflikten in der Nähe der Staatsgrenzen der Russischen Föderation und der äußeren Grenzen der Teilnehmerstaaten der Gemeinschaft unabhängiger Staaten (GUS) solle verhindert werden. Der im Dezember 1991 gegründeten GUS gehören folgende Länder an: Armenien, Aserbaidschan, Weißrussland, Kasachstan, Kirgistan, Moldawien, Russland, Tadschikistan, Turkmenistan, Usbekistan; die Ukraine ist am 19. März 2014 ausgetreten.

Die russische Sicherheitspolitik müsse daher, zu diesem

Schluss kommt das Strategiepapier, die Einrichtung einer multipolaren Weltordnung unterstützen und die Desintegration der GUS rückgängig machen. In seiner Putin-Biografie schreibt der deutsche Publizist Alexander Rahr, Putin fürchte besonders das Ausbreiten des radikalen Islam in den Nordkaukasus und von dort ins Wolgabecken. Entlang der Wolga befinden sich die wichtigsten strategischen Ölreserven Russlands, und dort lebt auch der Großteil der russisch-islamischen Bevölkerung. Wenn es extremistischen islamischen Kräften gelänge, diese Region unter ihren Einfluss zu bringen und bis zum Ural vorzustoßen, dann würde Russland seine Staatlichkeit verlieren und sich in einen europäischen und einen asiatischen Teil spalten.

Um die GUS wiederzuerwecken und zu stärken, drängte Putin Weißrussland, Kasachstan, Kirgistan und Tadschikistan im Oktober 2000 in die Eurasische Wirtschaftsgemeinschaft. Diese Staaten sicherten sich durch zwei Militärbündnisse ab: der am 15. Juni 2001 gegründeten, bereits genannten Shanghaier Organisation für Zusammenarbeit (SOZ) – auch *Shanghai Cooperation Organization* (SCO) genannt, zu der auch China gehört – und der am 7. Oktober 2002 ins Leben gerufenen Organisation des Vertrags über kollektive Sicherheit (OVKS), der neben Russland Weißrussland, Armenien, Kasachstan, Kirgistan und Tadschikistan angehören.

SCO und OVKS sind auch eine Antwort auf die früheren Aktivitäten der USA: Schon 1997 hatten sich Georgien, die Ukraine, Aserbaidschan und Moldawien mit Unterstützung der USA zum GUAM-Bund »Für Demokratie und Wirtschaftsentwicklung« zusammengeschlossen. Die GUAM-Staaten werfen laut dem von der Zeitung *Le Monde diplomatique* herausgegebenen *Atlas der Globalisierung* Moskau vor, die Abhängigkeit der Staaten von russischen Energielieferungen auszunutzen, um deren Souveränität zu schwächen. Sie lehnen russische Stützpunkte ab und engagieren sich für eine Zusammenarbeit mit der NATO und für die Stationierung amerikanischer Truppen.

Im Zusammenhang mit dem von US-Präsident George W. Bush ausgerufenen »Krieg gegen den Terror« (nach den Anschlägen vom 11. September 2001) gelang es den USA kurzfristig, Truppen in den postsowjetischen zentralasiatischen Ländern zu stationieren. Auf dem SCO-Gipfel in der kasachischen Hauptstadt Astana Anfang Juli 2005 wurden die Vereinigten Staaten und die NATO aufgerufen, ein Datum für das Ende der zeitweiligen Nutzung der militärischen Infrastruktur und den Abzug ihrer in Kirgistan und Usbekistan stationierten Soldaten zu nennen.

Danach kam es zu den sogenannten »farbigen Revolutionen«: der »Rosenrevolution« in Georgien, der »Orangenen Revolution« in der Ukraine und der »Tulpen-Revolution« in Kirgistan, die eine erneute Westorientierung dieser Staaten auslösen sollte. Ziel war hier, wie es der US-Stratege Bruce Jackson am 29. August 2008 in der *Frankfurter Rundschau* ausdrückte, durch den NATO-Beitritt Georgiens und der Ukraine das Schwarze Meer zu einem Binnengewässer des westlichen Bündnisses zu machen. »Den Russen bleiben etwa 400 Kilometer Küste.« Da zur Ukraine neben der strategisch wichtigen Halbinsel Krim auch die Meerenge von Kertsch gehört, wäre die NATO sogar in der Lage, das Asowsche Meer mit seinem wichtigen Hafen Rostow abzuriegeln.

Wie wir wissen, kam es anders. Die Krim ist heute wieder russisch. Dennoch geht das Ringen zwischen Ost und West um diese Staaten und die gesamte zentralasiatische Region, den »Hexenkessel des eurasischen Balkans« (Brzezinski), weiter. Deswegen wird davon noch ausführlich die Rede sein.

Während die Kontrahenten schon einmal ihre militärischstrategischen Positionen einnehmen, tobt der Kampf auf einem anderen Gebiet bereits in voller Stärke: Der Währungskrieg hat längst begonnen.

Das Ende des Dollars

Mitte April 2014 rief der russische Wirtschaftsminister Alexei Uljukajew die Energiekonzerne seines Landes auf, »sich des Dollars zu entledigen«, wie der Radiosender *Stimme Russlands* berichtete. Öl- und Gasrechnungen sollen in Zukunft – so fordert Uljukajew – in Rubel, teilweise vielleicht auch in chinesischen Yuan ausgestellt werden.

Dieser Schritt könnte die Rolle des Dollars als Leitwährung der Welt gefährden. Seit dem Zweiten Weltkrieg wird der Handel mit Erdöl weitgehend in US-Dollar abgewickelt. Dadurch flossen der US-Zentralbank Devisen aus den Öl importierenden Staaten in beträchtlichem Umfang zu. Gleichzeitig hielten die internationalen Zentralbanken die meisten ihrer Devisenreserven in US-Dollar.

Seit Ende 2013 suchen die Notenbanken offenbar nach Alternativen. Im Frühsommer 2014 halten sie nur noch etwa ein Drittel ihrer Währungsreserven in Höhe von insgesamt 11,7 Billionen Dollar in der US-Währung. Das ist der niedrigste Anteil seit 20 Jahren.

Welche Alternativwährungen bieten sich an? Wenn Russland künftig seine Öl- und Gaslieferungen in Rubel abrechnet, wird der Anteil der russischen Währung an den weltweiten Reserven steigen. Viel Geld investieren die internationalen Notenbanken derzeit vor allem in den chinesischen Yuan, obwohl diese Währung nicht einmal frei handelbar ist. Nach einem Bericht der *Southern China Morning Post* sollen schon 40 Zentralbanken Geld in den Yuan umgeschichtet haben, darunter nicht nur die Notenbanken asiatischer Länder wie Japan, Thailand, Südkorea und Singapur. Yuan-Reserven halten unter anderem auch Australien, Norwegen, Frankreich, Österreich und Weißrussland sowie Chile, Bolivien und Südafrika.

Jukka Philman, Fondsmanager bei der britischen Großbank *Standard Chartered*, sagt, angesichts des Investments vieler Zentralbanken sei der Yuan faktisch zu einer Reservewährung aufgestiegen. Philman vermutet, dass die chinesische Währung für die Zentralbanken bereits konvertierbar ist, also in andere Währungen umgetauscht werden kann.

Noch vor dem Aufruf des russischen Wirtschaftsministers schlug Anfang April 2014 eine Meldung wie eine Bombe ein: Putin bezahlte Öl aus dem Iran nicht mehr mit Dollars. Stattdessen lieferte Russland Lebensmittel und andere Waren – vermutlich auch Waffen wie etwa die versprochenen Abwehrraketen – im Umfang von 20 Milliarden Dollar. Auf diese Weise kann der Iran trotz Sanktionen seine Ölausfuhren erhöhen.

Die Sprecherin des US-Außenministeriums, Marie Harf, sagte zu den Verhandlungen zwischen dem Iran und Russland: »Wir haben beiden Seiten unsere Bedenken kristallklar gemacht. Sollte das Tauschgeschäft vorankommen, würde das ernste Bedenken auslösen.« Ein solches Abkommen könnte US-Sanktionen auslösen.

Der staatliche Energieriese *Gazprom* bereitet inzwischen seine Kunden darauf vor, dass Verträge künftig in Euro statt in Dollar abgeschlossen werden. Der Konzern rechnet mit einer möglichen Eskalation der US-Sanktionen gegen Russland. »Praktisch alle – 95 Prozent – unserer Kunden erklärten sich dazu bereit, unsere Abkommen auf Euro umzustellen«, zitiert die *Financial Times* den Chef von *Gazprom Neft*, Alexander Djukow.

Neben *Gazprom* haben auch viele andere Rohstoffkonzerne Gespräche mit Banken über eine mögliche Umstellung der Geschäfte von Dollar auf Euro geführt, zitiert die *Financial Times* einen hochrangigen Banker. »Jedes Unternehmen im Rohstoffsektor redet darüber, was möglich ist, wenn man nicht mehr in Dollar handeln kann – wenn man keinen Dollar mehr in New York abwickeln kann.«

Einen weiteren wichtigen Schritt in die Unabhängigkeit des Rubels machte Putin am 29. Mai 2014: Auf seine Initiative gründeten Russland und die zwei Ex-Sowjetrepubliken Weißrussland und Kasachstan in Konkurrenz zur EU die Eurasische Wirtschaftsunion mit 170 Millionen Einwohnern. Die Union habe eine »historische Bedeutung«, betonte der russische Präsident Wladimir Putin nach der Unterzeichnung des Vertrags in der kasachischen Hauptstadt Astana. Es gehe darum, den freien Verkehr von Waren, Dienstleistungen, Kapital und Arbeitskräften zu ermöglichen. Putin hob besonders hervor, dass die Union etwa ein Fünftel der weltweiten Gasreserven sowie 15 Prozent der Öllagerstätten kontrolliere.

Die Vereinbarungen zur Eurasischen Union umfassen: Wegfall der Grenzkontrollen, eine gemeinsame Währung (die sich sogar zu einem Konkurrenten des Euros entwickeln soll), Schaffung eines gemeinsamen Finanzmarktes, Kooperation in der Industrie, der Landwirtschaft und im Verkehrswesen und eine Integration der Energiemärkte. Eine gemeinsame Wirtschaftskommission mit Sitz in Moskau koordiniert die Zusammenarbeit. Auch die früheren Sowjetrepubliken Armenien, Tadschikistan und Kirgistan sollen in nächster Zeit als Mitglieder aufgenommen werden.

Eine Woche zuvor, am 21. Mai 2014, beschlossen die russischen und chinesischen Präsidenten auf einer Konferenz in Shanghai, Transaktionen zwischen beiden Ländern von nun an in eigenen Landeswährungen abzuwickeln statt in Dollar. Davon betroffen war als Erstes ein am selben Tag abgeschlossener Handel zwischen *Gazprom* und seinem chinesischen Gegenstück CNPC. Der für 30 Jahre ausgelegte Vertrag hat einen Gesamtwert von 400 Milliarden US-Dollar und sieht Jahreslieferungen von russischem Gas an China im Umfang von mindestens 38 Milliarden Kubikmetern vor. Zum Vergleich: In Deutschland werden pro Jahr 100 Milliarden Kubikmeter Gas verbraucht.

Eine neue Goldwährung?

Unterdessen bauen China und Russland ihre Goldreserven aus. Beide Länder investieren massiv in Minenunternehmen, meldeten die *Deutschen Wirtschaftsnachrichten* am 15. April 2014. Dahinter stecken möglicherweise Pläne, rohstoffgedeckte Währungen zu schaffen, vermutet der Internetdienst. »In jedem Fall machen sich die Länder im Hinblick auf Metalle damit unabhängiger vom Dollar. Dies ist ein weiterer Schlag gegen den US-Dollar. Denn wie fast alle Währungen der Welt ist auch der Dollar durch nichts gedeckt.«

Der größte in Russland tätige Goldproduzent *Polyus* prüfe Vorschläge der Regierung, sich wieder in Russland zu registrieren, berichtete *Reuters* ebenfalls Mitte April 2014. Derzeit ist das Unternehmen auf der Kanalinsel Jersey gemeldet.

Präsident Wladimir Putin betreibt seit Längerem eine Politik der Rückführung ins Ausland verlegter Firmen nach Russland. Die Rückführung soll Russland zusätzliche Steuereinnahmen bringen.

Zudem rief Vizepremier Igor Schuwalow Anfang April 2014 russische Konzerne, die an ausländischen Börsen gelistet sind, dazu auf, an die Moskauer Börse zu wechseln. So könnten sie sich gegen die vom Westen verhängten Sanktionen (wegen des Anschlusses der Krim) schützen.

Während die westlichen Länder Schulden anhäuften – die USA wiesen im Jahr 2000 eine Staatsschuldenquote von 55 Prozent, 2013 aber bereits von 107 Prozent auf; die russischen Schulden betrugen hingegen 2013 elf Prozent vom Bruttosozialprodukt, im Jahr 2000 waren es noch 60 Prozent gewesen –, baute die russische Zentralbank, ebenso wie die chinesische, in den vergangenen Jahren riesige Goldreserven auf. *Der Spiegel* und die Nachrichtenagentur *Bloomberg* meldeten im Februar 2013, dass die russische Zentralbank *Rossii* allein im vergangenen Jahrzehnt 570 Tonnen Gold im Ausland orderte. Damit war Russland unabhängig von den zusätzlichen eigenen Fördermengen der größte Goldimporteur der Welt. Putin und die chinesische Führung hätten, erklärt *Bloomberg*, systematisch eine klare Goldstrategie verfolgt, um sich gegenüber den stark inflationierten Währungen Dollar und Euro abzusichern.

Und prompt tauchte in Insiderdebatten das Gespenst des Goldrubels auf. Bereits 2009 sagte Arkadi Djorkewitsch als Chefberater des *Kreml*, dass Russland eine neue, durch Gold gedeckte Reservewährung begrüßen würde: »Wir könnten uns bei diesem System auch eine effektivere Verwendung von Gold vorstellen.«

2. Der günstige Zeitpunkt

2.1 Die Schwächung Europas

Die »einzige Weltmacht« USA wird von Russland und China herausgefordert. Der amerikanische Bündnispartner, die Europäische Union, schwankt bedenklich: Die EU steckt seit dem Wirtschaftscrash von 2008/2009 in einer Finanzkrise und als Folge davon auch in einer Gesellschafts- und Sinnkrise.

In Deutschland ist dabei die innenpolitische Lage noch relativ ruhig. Aber weil es an den Südrändern der Gemeinschaft bereits erheblich brodelt, befasst man sich auch in der Bundesrepublik mit möglichen Unruheszenarien.

Das *National Intelligence Council*, eine Denkfabrik der CIA, hat in den vergangenen Jahren drei Studien erstellen lassen: *Global Trends 2010*, *Global Trends 2015* und *Global Trends 2025*. In allen drei Studien werden schwere innere soziale Unruhen für die Ballungsgebiete der Europäischen Union vorhergesagt. In Deutschland seien besonders gefährdet: Teile des Ruhrgebiets, Teile von Berlin, Vororte von Hamburg, Teile Stuttgarts und der Rhein-Main-Raum.

Die Unruhen haben längst begonnen

Die Vorhersagen der Studien – innere soziale Unruhen in den Ballungsgebieten – sind in den südeuropäischen Staaten bereits tägliche Wirklichkeit, wie allein ein Blick auf die Tagespresse am 15. und 16. Dezember 2013 zeigt.

Am 15. Dezember 2013 meldeten mehrere große Tageszeitungen:

»*Movimento dei Forconi* heizt Italiens Straßen ein. Gestern explodierte erneut die Wut vieler Bürger. Insbesondere Studenten, junge Italiener agieren teils radikal, außer Polizisten zeigen Solidarität.«

Am selben Tag demonstrierten in Madrid zwischen 5000 und 8500 Bürger gegen die neuen »Bürgerrepressionsgesetze« der Regierung, denen zufolge Strafen bis 600 000 Euro jeden erwarten, der spontan demonstriert oder angemeldete Proteste aufheizt.

Einen Tag später hieß es in den Zeitungen: »Tränengaseinsätze, Schlagstöcke und politische Lügen auf der einen sowie wütende, aktive Bürger auf der anderen Seite. Seit nunmehr acht Tagen in Folge protestieren erzürnte italienische Bürger gegen ihre Regierung, akzeptieren mitnichten das EU-Spardiktat. Sie wollen dem herrschenden Lobbyismus endlich seine Grenzen aufzeigen. Ergo befindet sich Italien im Ausnahmezustand, ähnlich wie Frankreich oder Spanien; die Revolution hat begonnen, Straßenkämpfe prägen Europa.«

Weiter schrieben die Zeitungen: »Erneut waren am Wochenende Franzosen unterwegs, informierten Bürger. Die Protestbewegung *Les Sacrifies* (Die Opfer), die große Proteste unterstützt, leistet mittlerweile hervorragende Basisarbeit. Geschäftsleute und mittelständische Unternehmen unterstützen die Bewegung.« Einer der Protestierenden, ein Student, sagt den Reportern, wogegen gekämpft werde: »Die Landespolitiker empfangen Befehle aus Brüssel, lassen Menschen wie Sklaven arbeiten, damit ihr eigener Reichtum kontinuierlich wächst – genau dagegen demonstrieren wir.«

Der stille Putsch

In seinem Buch *Der stille Putsch* bezeichnet der Journalist Jürgen Roth das, was in Griechenland, Portugal, Spanien, Italien oder Frankreich seit 2009 geschieht, als stillen Putsch, nämlich »die Zerschlagung des demokratischen Sozialstaats – und die eklatante Verletzung der Europäischen Grundrechtecharta«. Für Roth waren Griechenland, Spanien oder Portugal erst der Anfang, quasi ein Experiment, wie ein Putsch ohne viel Widerstand durchgeführt werden kann.

Bei diesem stillen Putsch hätten seit 2009 schon Tausende Menschen ihr Leben verloren, durch fehlende Krankenversorgung, Hunger oder Selbstmorde aus Verzweiflung. Nach Meinung unabhängiger Wissenschaftler hätten in den Krisenländern Südeuropas Krankheit und Sterblichkeit statistisch nachweisbar erheblich zugenommen. Offiziellen Statistiken zufolge ist die Selbstmordrate allein in Griechenland seit dem Ausbruch der Krise drastisch angestiegen – 4000 waren es in den vergangenen drei Jahren. Bislang war die Selbstmordrate in Griechenland die niedrigste in Europa. In Portugal wurden im Jahr 2012 tausend Tote wegen fehlender Krankenversorgung gezählt, verursacht durch die radikalen Sparmaßnahmen der Regierung. Im Frühjahr 2012, so Roth weiter, meldeten die italienischen Medien eine »Selbstmordwelle«. Täglich komme es zu Verzweiflungstaten, ob von Unternehmern, die ihre Schulden erdrücken, oder Arbeitnehmern, die entlassen wurden. Die europäische Statistikbehörde *Eurostat* schätzt, dass sich in Italien im Durchschnitt ein Mensch pro Tag wegen der EU-Krise das Leben nimmt.

Nach Roth finden sich diejenigen, die diesen stillen Putsch in vielerlei Weise gefördert, wenn nicht sogar initiiert haben, auf jeden Fall aber die Profiteure sind, an den sogenannten Runden Tischen, von denen es viele gibt: den *European Round Table of Industrialists*, den *European Financial Services Round Table* oder den *Entrepreneurs' Roundtable.*

Der Direktor der Abteilung für Bildung des europäischen Gewerkschaftsbunds, der Portugiese Ulisses Garrido, stimmt der These Jürgen Roths zu: »Das ist keine Verschwörungstheorie! Für mich ist es ein Putsch. Warum sage ich das so eindeutig? Weil es die Synthese dessen ist, was wir hier in Europa erleben: eine Attacke auf den Sozialstaat. Was erreicht werden soll, ist eine komplette Veränderung der Gesellschaft, ohne dass die Bevölkerung darüber mitentscheiden kann. Es ist eine ideologische Revolution, ein stiller Putsch – zweifellos.«

Costas Douzinas, Professor für Rechtswissenschaften in London, pflichtet ihm bei. Ihm zufolge benutzen die EU und der Internationale Währungsfonds (IWF) Griechenland als »Versuchskaninchen, um zu testen, wie der Sozialabbau in ganz Europa in Zeiten der Krise umgesetzt werden kann«. Der gleichen Meinung ist Boaventura de Sousa Santos, Professor für Soziologie und Direktor des Zentrums für soziale Studien an der portugiesischen Coimbra-Universität. Er sieht eine von langer Hand geplante Strategie, den Wohlfahrtsstaat zu demontieren, den die Konservativen in Europa noch nie haben wollten. Jetzt würde dieser Plan nicht nur in Griechenland, Portugal oder Spanien umgesetzt, sondern in ganz Europa.

Auch Andreas Banoutsos, Direktor der Vereinigung griechischer Industrieller in Athen und Ex-Regierungsberater, gibt Roth recht: »Ich stimme Ihnen zu. Wir haben hier ein

System des Nepotismus. Die reichen Leute wurden seit der Krise reicher, sie profitieren von der Situation. Ich neige wirklich nicht zu konspirativen Erklärungen. Aber all das, was geschah, ist in Wirklichkeit keine reale Krise, sondern eine Krise, die durch eine bestimmte Elite provoziert wurde, um durch die Armut der anderen Menschen mächtiger und noch reicher zu werden.«

Revolte in Deutschland?

»In unserem Land gärt es. Da haben sich viel Wut und Empörung aufgestaut. Das Gerechtigkeitsgefühl ist tief verletzt«, warnte der SPD-Politiker Frank-Walter Steinmeier im Juni 2009 in der *Süddeutschen Zeitung*. Schon zuvor hatten Gesine Schwan (SPD) eine »explosiv werdende Stimmung« und der damalige DGB-Chef Michael Sommer »soziale Unruhen« prophezeit. Der Soziologieprofessor Ulrich Beck von der Ludwigs-Maximilians-Universität in München sieht gewaltsame Aktionen auf den Straßen kommen, »wenn die Puffer, die in Deutschland und anderswo soziale Ungleichheiten abmildern, nicht mehr funktionieren. Angenommen, wir hätten … fünf Millionen Arbeitslose, dann könnten auch aus der Mitte der Gesellschaft heraus sehr viel stärkere Konflikte entstehen, als wir bislang vermutet haben. Der Gerechtigkeitsschrei ist überall hörbar. In dem Maße, in dem man Banken für systemnotwendig erklärt und mit ungeheuren Beträgen eine Art Staatssozialismus für Reiche praktiziert, während Arbeitnehmer auf Hartz-IV-Sätze fallen, kommt es leicht zu entflammbaren Konflikten, die auch mit breiter Unterstützung rechnen können.«

Wilhelm Heitmeyer, Konfliktforscher an der Universität Bielefeld, versucht sich seit Jahrzehnten ein Bild von der

Gefühlslage der Deutschen zu machen. In seiner seit 2002 durchgeführten Langzeitstudie *Deutsche Zustände* kommt er zu folgendem Zwischenbericht: Immer mehr Deutsche fühlen sich immer ungerechter behandelt. Jeder zweite Deutsche denkt, er bekomme weniger als seinen gerechten Anteil. Zwei Drittel glauben, Arme würden immer ärmer und Reiche immer reicher. »Die Menschen nehmen die Entwicklung unserer Gesellschaft als ungerecht wahr, sie haben das Gefühl, in einem immer ungerechteren Land zu leben.«

Alarmiert ist Heitmeyer deswegen, weil in den bisherigen, seit 1964 regelmäßig durchgeführten Umfragen die Hälfte der Deutschen ihren Staat als einen gerechten ansahen. »Erst ab der Jahrtausendwende wurde Deutschland als immer ungerechter empfunden. Zuletzt standen 73 Prozent, die das Land als ungerecht ansahen, gegen nur mehr 13 Prozent, die die Lage als gerecht wahrnahmen.«

Und die Empfindungen der Mehrheit sind keine dumpfen Vorurteile gegen *die da oben*, wie die *Süddeutsche Zeitung* vorrechnet: »Der Vorstandsvorsitzende eines Großkonzerns, der in den Siebzigern im Schnitt das 30-Fache eines Arbeiters in seinem Betrieb verdiente, bekam 30 Jahre später das 350-Fache.« Mehr als 60 Prozent des Gesamtvermögens akkumulierten sich so bei den reichsten zehn Prozent der Bevölkerung.

Gestützt werden diese Zahlen auch von internationalen Studien: Als die EU kürzlich untersuchte, wie sozial ihre Mitgliedsstaaten sind, kam Deutschland auf Platz 19, hinter Bulgarien und Polen. In einer Studie der OECD aus dem Jahr 2008 erhielt Deutschland gar ein besonderes Prädikat: Nirgends habe die soziale Ungleichheit von 1995 bis 2005 stärker zugenommen als in der Bundesrepublik.

Der Staat bereitet sich vor

Auch die Entscheidungsträger der EU rechnen offenbar mit Schlimmerem. Im Januar 2009 wurde in Brüssel – von der Öffentlichkeit weitgehend unbeachtet – ein Beobachtungs- und Frühwarnzentrum für schwere innere Unruhen in den EU-Mitgliedsstaaten eingerichtet. Schon seit Längerem trainieren Bundespolizei, Sondereinsatzkommandos (SEK) und einige Landespolizeieinheiten gemeinsam mit ihren europäischen Kollegen die Beherrschung sogenannter *polizeilicher Großlagen*.

Die deutlichste Aktion ist aber die Aufstellung von *Eurogendfor*, einer geheimen, 3000 Mann starken europäischen Sondereingreiftruppe. Diese *European Gendarmerie Force*, deren Führungsstab im italienischen Vicenza sitzt, ist eine mit geheimdienstlichen Kompetenzen ausgestattete paramilitärische Truppe, die »in enger Zusammenarbeit mit den europäischen Militärs die Sicherheit in europäischen Krisengebieten gewährleisten« soll. Sie kann auf Anfrage eines Einzelstaates oder nach Beschluss der EU in Marsch gesetzt werden. Über ihre Einsatzstrategie entscheidet ein *Kriegsrat* – ein Ausschuss aus den Verteidigungs- und Innenministern der EU-Staaten. Artikel 4 des Gründungsvertrages macht unmissverständlich klar, warum *Eurogendfor* gegründet wurde: »Schutz der Bevölkerung und des Eigentums und Aufrechterhaltung der Öffentlichen Ordnung beim Auftreten öffentlicher Unruhen«. Ein interessantes Detail aus den gesetzlichen Regelungen für die Truppe: Die Soldaten-Gendarmen müssen sich im Einsatz zwar zunächst an das Recht des Staates halten, in dem sie eingesetzt werden. Besetzen sie jedoch Gebäude oder Gelände, so sind diese den Behörden des Staates nicht mehr zugänglich, also immun.

Statt die Ursachen sozialer Unruhen zu untersuchen und

fundierte Konzepte zur Abhilfe entwickeln zu lassen, setzt die Bundesregierung auf das staatliche Gewaltmonopol. Mit dem US-Heimatschutzministerium wurde *wissenschaftliche und technologische Zusammenarbeit* vereinbart. Vertragsgegenstände sind Methoden zum *Aufspüren von Bedrohungen der zivilen Sicherheit*, der *Schutz von kritischen Infrastrukturen und Schlüsselressourcen* sowie *Krisenreaktion, Folgenmanagement und Schadensbegrenzung bei folgenschweren Ereignissen.* Ähnliche Verträge gibt es mit Frankreich und Israel.

Damit die staatliche Ordnung aufrechterhalten werden kann – koste es, was es wolle –, wird immer häufiger der Einsatz der Bundeswehr im Innern diskutiert. Das Grundgesetz sieht den Einsatz der Bundeswehr vorrangig zur Außenverteidigung der Bundesrepublik Deutschland vor. Ein Einsatz im Inneren ist nach Artikel 87a des Grundgesetzes (GG) nur erlaubt *zur Hilfe bei einer Naturkatastrophe oder bei einem besonders schweren Unglücksfall* oder *zur Abwehr einer drohenden Gefahr für den Bestand oder die freiheitliche demokratische Grundordnung des Bundes oder eines Landes, wenn … die Polizeikräfte sowie die Bundespolizei nicht ausreichen.*

Erste Ansätze für die Aufweichung der Vorschriften des Grundgesetzes gibt es bereits. Stichwort ist hier die sogenannte *Crowd and Riot Control* (CRC). Das ist die englische Bezeichnung für *Überwachung und Kontrolle von Menschenmengen.* Als CRC-Kräfte können Polizei oder Militär eingesetzt werden. Zur Ausrüstung dieser Kräfte gehören Schutzschilde, Schutzhelme, Körperprotektoren, Schlagstöcke, Reizgas, Wasserwerfer und Gummigeschosse.

Die Bundeswehr hat schon 2006 vorgebaut, indem sie vier Feldjägerbataillone mit CRC-Aufgaben betreute. In diesen Einheiten werden Mannschaftssoldaten mit der Spezialisierung CRC (NonLethalWeapons-Trupp, Brandbekämpfungs- und Bergetrupp) ausgebildet.

Damit das Militär im Innern auch effektiv zuschlagen kann, hat der Haushaltsausschuss des Deutschen Bundestages im März 2009 63 Millionen Euro für die Anschaffung von 30 000 155-Millimeter-Sprenggeschossen zur Bekämpfung von sogenannten Weichzielen in Ballungsgebieten bewilligt. Als weiche Ziele werden Menschen und ungepanzerte Infrastruktur bezeichnet.

Auf eine weitere wichtige Information weist der Terrorismusexperte Udo Ulfkotte in seinem Buch *Vorsicht Bürgerkrieg!* hin: Bei deutschen Sicherheitsbehörden kursieren streng vertrauliche Listen, die soziale Brandherde quer durch Deutschland benennen. Sie seien 2005 als Reaktion auf die schweren Unruhen in französischen Vorstädten erstellt worden.

Dieser sogenannte *Atlas der Wut* umfasse eine Liste mit 165 Stadtteilen und Orten, in denen Sicherheitsexperten starke soziale Unruhen, Krawalle und Revolten in absehbarer Zeit für wahrscheinlich halten.

Schwerpunkte sind danach das Ruhrgebiet sowie mehrere problembelastete Stadtteile in Hamburg, Bremen, Berlin, Frankfurt, München und Hannover. In den neuen Ländern werden Unruheherde vor allem in Sachsen vermutet.

Diese Zusammenstellung liege auch der Bundesregierung vor, die Liste werde mehrmals jährlich aktualisiert. »An diesen Orten brodelt ein explosives Gemisch«, schreibt Ulfkotte. Vor allem die Finanzkrise und die sich verschärfende Arbeitslosigkeit könnten die Spannungen weiter steigern.

Hetzparolen gegen Deutschland

Gleichzeitig wachsen zwischen den EU-Ländern gegenseitige Schuldzuweisungen. Alte Feindbilder brechen wieder auf. Britische, italienische und griechische Zeitungen drucken

Hass- und Hetzparolen gegen Deutschland. Da kochen die Emotionen hoch, und es wird auch wieder die Nazikeule geschwungen. Am 15. Dezember 2011 schrieb *Der Spiegel*: »Cameron sucht Verbündete gegen Merkel. Es gelte jetzt Allianzen aufzubauen.« Und weiter ging es in der *Times*: »Deutschland hat der Euro-Zone den Krieg erklärt.« Noch nie nach dem Zweiten Weltkrieg gab es so viel blanken Hass innerhalb Europas. Der ungarische Ministerpräsident Viktor Orbân verglich in einer Radioansprache im Mai 2013 die Politik Deutschlands mit der Besetzung Ungarns unter Hitler.

Neben der Euro- und Schuldenkrise sah die *Frankfurter Allgemeine Zeitung* vom 22. Februar 2012 noch eine weitere Ursache für die innereuropäischen Spannungen: »Im Grunde scheitert die europäische Einigung genau auf dem Feld, das immer ihr Hauptanliegen war: der Aussöhnung der Völker.«

Was von der EU als »technischer Fehler« bei der Einführung des Euros bezeichnet wurde – das Ungleichgewicht der Ursprungswährungen oder die Wirtschaftsleistung nicht berücksichtigt zu haben –, birgt so viel Konfliktpotenzial, dass politische Bündnisse in der EU und der Euro-Zone zum Schaden Deutschlands drohen. Wie die Wahlen zum Europäischen Parlament am 25. Mai 2014 gezeigt haben, findet ein europafeindlicher Nationalismus in vielen Staaten mehr Anhänger als die etablierten konservativen oder sozialdemokratischen Parteien.

Es kann sogar ein Krieg zwischen europäischen NATO-Verbündeten ausbrechen. Sollte ein EU-Mitgliedstaat Opfer eines bewaffneten Angriffs werden (zum Beispiel Griechenland von der Türkei oder Südzypern von Nordzypern), so besteht laut Vertrag von Lissabon, EUV 1, Art. 42 (7), 1 (»… schulden die anderen Mitgliedstaaten ihm alle in ihrer Macht stehende Hilfe und Unterstützung«) eine Beistandspflicht. Um die Öl- und Gasvorkommen im Ägäischen Meer streiten sich schon heute Griechenland und die Türkei. Die vor Selbstbewusstsein strotzende Türkei drohte sogar mit Krieg, sollte ihr Anspruch nicht anerkannt werden.

2.2 Die Abrüstung der Bundeswehr

Für die Verteidigung im Innern werden die Armeen der EU-Länder hochgerüstet – und natürlich auch für den weltweiten »Kriseneinsatz«. Aber zur Abwehr eines äußeren Feindes, also die Landesverteidigung, sind sie nicht mehr in der Lage. Sehen wir uns – beispielhaft für die Länder der EU – die systematische Abrüstung der Bundeswehr an.

Weltweit an allen Fronten

Anfang Februar 2014 forderte Bundespräsident Joachim Gauck ein Ende der Zurückhaltung in Bezug auf die deutschen Außen- und Sicherheitspolitik. »Die Bundesrepublik sollte sich als guter Partner früher, entschiedener und substanzieller einbringen«, erklärte er zum Auftakt der Münchner Sicherheitskonferenz. Er plädierte für einen grundlegenden Mentalitätswechsel: Deutschland dürfe nicht Weltabgewandtheit und Bequemlichkeit hinter seiner historischen Schuld verstecken.

In sein Plädoyer für eine stärkere Rolle Deutschlands im Rahmen von EU und NATO schloss Gauck ausdrücklich militärisches Engagement ein. »Deutschland wird nie rein militärische Lösungen unterstützen, wird politisch besonnen vorgehen und alle diplomatischen Möglichkeiten ausschöpfen«, sagte er. »Aber wenn schließlich der äußerste Fall diskutiert wird – der Einsatz der Bundeswehr –, dann gilt: Deutschland darf weder aus Prinzip ›nein‹ noch reflexhaft ›ja‹ sagen.« Die Bundesrepublik müsse bereit sein, mehr zu tun für jene Sicherheit, die ihr über Jahrzehnte von anderen gewährt wurde.

Verteidigungsministerin Ursula von der Leyen (CDU) hatte in einem Interview eine Woche zuvor eine Debatte über ein stärkeres weltweites Engagement Deutschlands angestoßen. Außenminister Frank-Walter Steinmeier (SPD) hatte dazu im Bundestag erklärt, die »Kultur der militärischen Zurückhaltung« dürfe nicht mit einer »Kultur des Heraushaltens« verwechselt werden. Auch Bundeskanzlerin Angela Merkel (CDU) betonte nach einem Treffen mit UN-Generalsekretär Ban Ki Moon, Deutschland müsse sich bei der Lösung internationaler Konflikte einmischen.

Gauck begründete seine Forderung nach einer Neuausrichtung der deutschen Außenpolitik unter anderem mit den Bestrebungen der USA, ihr globales Engagement zurückzufahren. Gleichzeitig sei Europa inmitten der Euro-Krise mit sich selbst beschäftigt. »Im Zuge dieser Entwicklungen zu glauben, man könne in Deutschland einfach weitermachen wie bisher – das überzeugt mich nicht.« Er betonte auch, dass die Bundesrepublik überdurchschnittlich globalisiert sei und deshalb überdurchschnittlich von einer offenen Weltordnung profitiere.

Gauck forderte eine intensive sicherheitspolitische Debatte. Der Bundestag habe seit 1994 etwa 240 Mal über Auslandseinsätze der Bundeswehr beraten, aber weniger als zehn Mal grundsätzlich über deutsche Außen- und Sicherheitspolitik diskutiert. »Dabei brauchen wir solche Debatten – im Bundestag und überall: in Kirchen und Gewerkschaften, bei der Bundeswehr, in den Parteien und Verbänden«, sagte der Bundespräsident. An den Universitäten gebe es lediglich »eine Handvoll Lehrstühle für die Analyse deutscher Außenpolitik«. Gauck regte an, die Sicherheitsforschung zu stärken.

Nur für Auslandseinsätze gerüstet

Im Jahr 2010 riefen führende deutsche Industriekonzerne eine »Allianz zur Rohstoffsicherung« ins Leben. Die Rohstoffallianz hat die Aufgabe, die Versorgung ihrer Gesellschafter und Partner mit ausgewählten Rohstoffen zu sichern. Um dieses Ziel zu erreichen, verlangt sie den Einsatz militärischer Mittel. An der Spitze der Rohstoffallianz steht mit Dierk Paskert ein ranghoher Manager, der vorher im Vorstand von E.ON, einem der großen deutschen Energiekonzerne, saß.

In einem Interview mit dem *Handelsblatt* im Februar 2013 forderte Paskert »eine strategisch ausgerichtete Außenwirtschafts- und Sicherheitspolitik«, um die Versorgung der deutschen Wirtschaft mit Rohstoffen zu gewährleisten. Diese Politik müsse sich zwar vom »Ziel freier und transparenter Rohstoffmärkte« lenken lassen, »es wäre aber naiv, dies in naher Zukunft als gegeben anzunehmen«, sagte Paskert. Die Entwicklung sei »leider genau gegenläufig«. Deshalb müssten »wir« – das heißt Deutschland – »gemeinsam mit unseren Partnern in der EU und NATO noch mehr Verantwortung in Außenwirtschafts- und Sicherheitsfragen übernehmen«. Die Geschichte zeige – so Paskert weiter –, »dass viele Konflikte ihre Ursache im Kampf um Rohstoffe haben. … Die Rohstoffversorgung ist Grundlage für Wertschöpfung und Wohlstand eines Landes und hat daher geopolitische Bedeutung.«

In einem ausführlichen Leitartikel zum Paskert-Interview mit der Überschrift »Expedition Rohstoffe: Deutschlands neuer Kurs« schrieb das *Handelsblatt*, das Bundeskanzleramt werde einen Koordinator ernennen, der »die Interessen der strategischen Industrien sowie der Wehr- und Sicherheitstechnik besser verzahnen und so zur Sicherung der Rohstoffversorgung beitragen« soll. Strategische Partner Deutschlands, wie Saudi-Arabien, sollten mit Waffentechnik unterstützt werden, bevor man im Krisenfall gezwungen werde, eigene Soldaten zu entsenden. Und die Bundeswehr solle »stärker auf ihre neue Rolle als Wahrer strategischer Interessen getrimmt« werden.

Als Beleg zitierte das *Handelsblatt* die 2011 verabschiedeten »Verteidigungspolitischen Richtlinien«, die die »Sicherung von und den Zugang zu Bodenschätzen« als »wichtiges sicherheitspolitisches und auch militärisches Interesse« bezeichnen.

In Wirklichkeit ist diese Zielsetzung wesentlich älter. Bereits Mitte der 1990er-Jahre hatten die Verteidigungspolitischen Richtlinien die »Aufrechterhaltung des freien Welthandels und des Zugangs zu strategischen Rohstoffen« als zentrale Aufgaben der Bundeswehr benannt. Ihre Verwandlung aus einer territorialen Verteidigungsarmee in eine internationale Eingreiftruppe wurde von diesen Zielen bestimmt.

Der damalige Bundesverteidigungsminister Thomas de Maizière hatte bereits am 31. Januar 2013 in einem Interview mit der *Süddeutschen Zeitung* erklärt, um direkte Militärinterventionen künftig zu vermitteln, müsse die Art der Begründung geändert werden: »Internationale Einsätze müssen realistisch erklärt sein, und die Begründungen dürfen nicht zu pathetisch vorgetragen werden«, sagte er. Unter seiner Regie machte der Umbau der Bundeswehr rasche Fortschritte. Vor allem Aufklärungs- und Transportkapazitäten sowie schnelle Eingreifverbände wurden ausgebaut.

Hintergrund ist der verschärfte Kampf um Rohstoffe vor allem mit China. Der bereits zitierte Geschäftsführer der Rohstoffallianz, Dierk Paskert, hatte schon im Sommer 2012 gegenüber der *Wirtschaftswoche* gesagt: »Wenn wir bedenken, dass China bei fast allen Rohstoffen schon 40 Prozent verbraucht und deren Bedarf weiter drastisch zunimmt, wird mir auf mittlere Sicht unwohl. China ist ein riesiger Staubsauger, den es so früher schlicht nicht gab. Wir sollten uns jetzt über die Versorgungssicherheit für die deutsche Industrie Gedanken machen.«

Die Rohstoffallianz verfügt über engste Beziehungen zur Bundesregierung, die sie nicht nur als Lobbyverband der Industrie berät. Im Auftrag des Bundeswirtschaftsministers verwaltet sie auch ein Förderprogramm, das Firmen bedingt rückzahlbare Darlehen für die weltweite Erschließung kritischer Rohstoffe wie Antimon, Beryllium, Kobalt, Fluorit, Gallium, Germanium, Grafit, Indium, Magnesium, Niobium, Platinmetalle, Seltene Erden, Tantal und Wolfram gewährt. Am Beispiel Afrika werde ich im nächsten Abschnitt (2.3) diese Rohstoffpolitik Deutschlands näher beleuchten.

An der Grenze der Belastbarkeit

Deutsche Soldaten also im weltweiten Einsatz. Das bedeutet: extreme Belastung für die Truppe und eine sich komplett auflösende Heimatverteidigung.

Der Bericht des Wehrbeauftragten des Bundestages, Hellmut Königshaus, vom 28. Januar 2014 gibt einen ersten Einblick in den Zustand der deutschen Streitkräfte: Die Zahl der Eingaben von Soldaten an ihn hat im Jahr 2013 einen relativen Höchststand erreicht. So stieg die Quote der Eingaben von 2012 bis 2013 um mehr als 20 Prozent von 21,8 auf 27,7 pro tausend Soldaten und damit auf den höchsten Stand seit Gründung der Bundeswehr im Jahr 1955.

Als Ursachen für die gestiegene Unzufriedenheit in der Truppe benennt Königshaus vor allem die anhaltende Doppelbelastung der Soldaten durch die Auslandseinsätze und die Neuausrichtung der Bundeswehr. »2013 war für die Soldaten und Soldatinnen ein Jahr des Umbruchs«, bilanzierte Königshaus. Die Neuausrichtung, die vor wenigen Jahren an der Spitze der Bundeswehr begann, habe im Jahr 2013 »auf Einheits- und Verbandsebene eingesetzt«.

Insgesamt erreichten den Wehrbeauftragten 5095 Eingaben aus der Truppe; im Jahr zuvor waren es 4309. Gleichzeitig sank der Umfang der Streitkräfte von rund 198 000 auf 184 000 Soldaten und Soldatinnen.

Königshaus warnte davor, dass die Bundeswehr die Grenzen ihrer Belastbarkeit durch Einsätze erreicht habe, denn »es sind immer dieselben Soldaten, die belastet werden, wenn ein neuer Einsatz begonnen wird«. Als Beispiele nannte Königshaus die Lufttransportkräfte und die Spezialpioniere, die vor allem beim Aufbau und Betrieb von Feldlagern zum Einsatz kommen. Positiv würdigte Königshaus dagegen, dass »die Ausrüstung im Einsatz ein hohes und von den Soldaten geschätztes Niveau« erreicht habe. Darunter habe aber die Ausstattung im Inland gelitten – also die zur Verteidigung Deutschlands.

Als »unbefriedigend« stufte Königshaus erneut die Personal- und Materiallage der Bundeswehr ein. So sei im Bereich der Mannschaftsdienstgrade schon heute ein erheblicher Personalmangel festzustellen. »Besserung zeichnet sich bisher nicht ab«, stellte der Wehrbeauftragte fest. Beim Großgerät des Heeres gebe es »strukturelle Defizite« und »systematische Mangelverwaltung«. Zum Großgerät zählen Panzer, Transportfahrzeuge, Hubschrauber, Kampf- und Transportflugzeuge sowie Schiffe.

Heimatverteidigung – womit denn?

In der Bundeswehr sind zurzeit 183 493 aktive Soldaten tätig (Stand: April 2014). Davon dienen im Heer (ab hier gerundete Zahlen) 60 000, bei der Luftwaffe 30 000, in der Marine 15 000. Jeder, der die Strukturen innerhalb einer Armee kennt, weiß, dass diese etwas mehr als 100 000 Soldaten nicht als Kampftruppen zu rechnen sind. Im Klartext heißt das, dass Deutschland über nicht einmal 100 000 einsatzfähige Soldaten verfügt. Die restlichen Bundeswehrangehörigen sind in der Verwaltung und im Nachschub tätig.

Zum Stand der Heimatverteidigung: Ursprünglich waren rund eine halbe Million Reservisten der Bundeswehr vor allem in nicht-aktiven Truppenteilen, überwiegend Heimatschutzbataillonen, eingeplant, die im Verteidigungsfall aufwachsen sollten. Im Zuge der Umstrukturierung zu einer Einsatzarmee wurden diese nicht-aktiven Truppenteile aufgelöst. Als Nachfolge und Ersatz stellt die Bundeswehr seit 2012 Regionale Sicherungs- und Unterstützungskräfte (RSUKr) in Kompaniestärke auf. Jedem der einzelnen Landeskommandos der einzelnen Bundesländer sollen mehrere dieser Kompanien unterstellt werden. Rund 90 000 Reservisten sind heute eingeplant.

Die Personalstärke einer RSUKr-Einheit beträgt circa 100 Mann, das heißt Kompaniestärke; sie wird als *Regionale Sicherungs- und Unterstützungskompanie (RSUKp)* bezeichnet. Deutschlandweit sind dafür derzeit 3228 Dienstposten vorgesehen.

So weit zum Personalbestand. In der Bewaffnung sieht es nicht besser aus. Längst sind die Zeiten vorbei, in denen ein Feind mit fast 5000 Panzern zurückgeschlagen werden sollte. Die Bundeswehr verfügt mit Stand 2014 über folgende aktive Ausrüstungen:

Im Heer:

- 218 Bergepanzer
- 40 Brückenlegepanzer

- 87 Flugabwehrpanzer
- 1149 Führungs-/Funktions- und Transportfahrzeuge (teilweise für Auslandseinsätze)
- 307 Hubschrauber
- 350 *Leopard-2*-Kampfpanzer, davon verfügbar derzeit 225 (der Rest ist noch nicht ausgeliefert) und davon einsatzbereit etwa 100
- 148 Panzerhaubitzen, Zahl wird reduziert auf 81
- 83 *Dachs*-Pionierpanzer
- 318 Raketenwerfer
- 523 *Marder*-Schützenpanzer komplett ausgemustert, dafür 350 *Puma* (noch nicht ausgeliefert)
- 753 Transportpanzer

In der Luftwaffe:
- 277 Kampfjets (168 *Tornados* und 109 *Eurofighter*)
- 91 Transportflugzeuge

In der Marine:
- 15 Fregatten
- 5 Korvetten
- 20 Minenabwehrboote
- 10 *Gepard*-Schnellboote
- 8 Seeaufklärer
- 4 Unterseeboote

Gegen einen Angriff nicht gerüstet

Seit der Krim-Krise hat auch die Politik die Gefahren der westeuropäischen Abrüstung erkannt. Gegenüber dem *Spiegel* sagte der SPD-Verteidigungsexperte Rainer Arnold Anfang April 2014: »Wir müssen darüber nachdenken, ob das unkontrollierte Absenken der Panzerflotte innerhalb der NATO richtig war.« Innerhalb des Bündnisses werde über eine Neuausrichtung der NATO diskutiert, die sich an einer anhaltenden, auch militärischen Konfrontation der NATO mit Russland orientieren soll. Als mögliche erste Aktion werde darüber nachgedacht, die Bereitschaft der westlichen Land- und Luftstreitkräfte zu erhöhen. Zurzeit dauert es sechs Monate, bis die große Masse verlegt und einsatzbereit ist. Ausführlich werden die Mitgliedsstaaten auf ihrem Gipfel im September 2014 darüber sprechen.

Schon im März 2014 hatte der frühere schwedische Verteidigungsminister Mikael Odenberg gegenüber *N24* erklärt, das Kürzen der Verteidigungsausgaben und die gleichzeitige Konzentration auf internationale Missionen seien offensichtlich eine Fehleinschätzung gewesen. Petr Pavel, der Oberkommandierende der tschechischen Streitkräfte, stimmte zu und warnte: »Wenn wir nicht schnell handeln, werden einige unserer militärischen Möglichkeiten so stark geschwächt sein, dass sie praktisch nicht mehr existieren.« Gegenüber *Bild* sagte der frühere NATO-General Egon Ramms: »Wir brauchen die Wehrpflicht. Deutschland kann die Landesverteidigung im Bündnisfall anders nicht gewährleisten.« Mit einer Freiwilligenarmee gehe das »schon gar nicht«. Zudem müsse die Bundeswehr besser ausgerüstet werden. »Wir haben nicht genug Soldaten, und nicht genug qualifizierte«, brachte es der frühere Generalinspekteur der Bundeswehr, Harald Kujat, im selben Beitrag auf den Punkt.

Ein Symptom für den Zustand der deutschen Truppen ist eine Meldung in der *Welt* vom 18. März 2014: Unbekannte hatten 32 981 Patronen verschiedener Kaliber aus der Fallschirmjägerkaserne im niedersächsischen Seedorf gestohlen. Geschätzt sind das rund 40 Kisten Munition mit einem Gewicht von bis zu 600 Kilogramm. Im Berliner Verteidigungsministerium hieß es, ein Munitionsdiebstahl dieser Größenordnung sei bei der Bundeswehr seit 30 Jahren nicht mehr vorgekommen.

So weit die Zeitungsmeldung. In der anschließenden Analyse hieß es: Die peinliche Panne sei ein erneuter Beleg für gravierende Sicherheitsmängel in deutschen Kasernen. Zwischen 2003 und 2013 wurden schlecht bewachte Militärstützpunkte zum Schauplatz aller möglichen Straftaten: Aktenkundig sind 524 Einbrüche, 294 Sachbeschädigungen, 55 Brandstiftungen und 460 Diebstähle, darunter 14 Munitions- und 30 Waffendiebstähle.

Die *Welt am Sonntag* schrieb – ebenfalls im März 2014 –, von den 455 bewachten Liegenschaften der Bundeswehr seien 361 durch private Sicherheitsfirmen geschützt. Die Wachschutzaufträge würden dabei nach dem Billigprinzip vergeben: Nicht der qualitativ hochwertigste Anbieter oder der mit dem besten Preis-Leistungs-Verhältnis erhalte den Zuschlag, sondern der kostengünstigste. Der Ausschussvorsitzende Hans-Peter Bartels (SPD) kommentierte: »Die Billigphilosophie bei den outgesourcten Personalkosten führt in die Irre.« Gerade die Bundeswehr müsse auf Qualität Wert legen, wenn es um ihre Sicherheit gehe, ergänzte der verteidigungspolitische Sprecher der SPD, Rainer Arnold. »Die Bewachung der Bundeswehr durch schlechte, nicht zertifizierte Firmen vornehmen zu lassen, das geht gar nicht.«

Auch das österreichische Bundesheer befindet sich in einem katastrophalen Zustand, wie die *Kronenzeitung* am 15. Mai 2014 meldete. Während Verteidigungsminister Gerald Klug drastische Kürzungspläne beim Heer ausarbeitet, warnen die Offiziersgesellschaft und andere wehrpolitische Verbände davor, dass die »verantwortungslosen Kürzungen« dazu führen könnten, dass Österreich »schutz- und wehrlos« dastehe.

Auf den Plan gerufen haben die Vereine – so die Tageszeitung weiter – sowohl die Krise in der Ukraine, bei der zumindest eine lange Phase einer »kalten Konfrontation« zwischen Russland und den USA drohe, als auch die »verantwortungslosen Kürzungen« im Budget, wie Erich Cibulka, Präsident der Österreichischen Offiziersgesellschaft, erklärte. 2015 wird das Wehrbudget laut der Plattform auf unter 0,6 Prozent des BIP sinken. Die Einsatzfähigkeit des Bundesheers sei vor allem für Einsätze zur Grenzsicherung nicht mehr in ausreichendem Maße gewährleistet, warnte Cibulka – die Bevölkerung werde in einer angespannten geopolitischen Situation allein gelassen.

Österreichs Verteidigungsminister Klug betonte am 12. Mai 2014 im Budgetausschuss des Nationalrates, dass das Bundesheer, wie es derzeit aufgestellt ist, zu groß sei für ein Zwei-Milliarden-Budget. Auf Basis der vom Parlament beschlossenen Sicherheitsstrategie werde das Bundesheer deshalb auf die militärisch einsatzwahrscheinlichen Aufgabenstellungen neu ausgerichtet werden, so Klug. Dies seien jene Aufgaben, die nur mit militärischen Mitteln erfüllt werden können und die zivilen Kräfte überfordern.

2.3 Der heimliche Krieg in Afrika

Amerikanische Sicherheitsexperten meldeten laut einem Bericht der *Frankfurter Allgemeinen Zeitung* vom 21. Februar 2007, dass das Terrornetzwerk *al-Qaida* den Maghreb und die Sahelzone zu neuen Aktionszentren gewählt habe. Unter Maghreb oder Maghrib – arabisch: Der Westen – versteht man vor allem die drei nordafrikanischen Staaten Tunesien, Algerien und Marokko sowie Libyen und Mauretanien, die aufgrund ihrer Geografie und Geschichte viele Gemeinsamkeiten haben. Die südlich davon liegende Sahelzone ist eine lang gestreckte halbtrockene Übergangszone vom eigentlichen, sich nördlich anschließenden Wüstengebiet der Sahara bis zur Trocken- beziehungsweise Feuchtsavanne im Süden. Die Sahel umfasst von West nach Ost die Staaten Senegal (Nordteil), Mauretanien (Südteil), Mali, Burkina Faso (Nordteil), Niger (Südteil), Nigeria (Nordteil), Tschad, Sudan, Äthiopien (Nordteil) und Eritrea.

Das kaum kontrollierte Dreiländereck, in dem Algerien, Mauretanien und Mali aufeinandertreffen, soll das Rückzugsgebiet des nordafrikanischen Zweigs von *al-Qaida* sein. Aus dem Reservoir Tausender radikalisierter Jugendlicher aus dem Maghreb und der verarmten Sahelzone kämen Rekruten für einen Heiligen Krieg zusammen, berichten die Geheimdienste.

Flugs stellten daraufhin die USA den Maghreb-Staaten neue Waffen, Kommunikationssysteme, Transport- und Aufklärungsgeräte im Wert von 80 Millionen Dollar zur Verfügung und intensivierten die Zusammenarbeit der jeweiligen Geheimdienstler mit ihren amerikanischen Kollegen. Am 7. Februar 2007 kamen die Generalstabschefs jener Länder in Dakar zusammen, um sich von US-General William Ward über den operativen Umfang der *al-Qaida*-Aktivitäten und mögliche Eindämmungsmaßnahmen aufklären zu lassen. Zum Abschluss verkündete ein Sprecher der marokkanischen Regierung: »Unsere Region ist schwerwiegenden terroristischen Bedrohungen und gewalttätigen Terrorakten ausgesetzt.«

Die plötzlich aufgetauchten Terrorgruppen und die amerikanischen Militärberater, die den »bedrohten« Regierungen daraufhin zu Hilfe eilen, machen sich just in einer Gegend breit, die nach den neuen Plänen des Pentagons zu einem der für die USA wichtigsten Einflussgebiete des 21. Jahrhunderts wird: In der Sahelzone liegen die neuen Öl-Eldorados. Die Chinesen sind ebenfalls dabei, ihren Fuß in die dortige Tür zu bringen. Außerdem ist die Region nach Geostratege und Pentagon-Berater Thomas Barnett – Sie erinnern sich: »die von ständigen inneren Konflikten geplagten Lückenstaaten« – einer der Krisenherde der Zukunft.

Spannend freilich wird es, wenn man in Erwägung zieht, dass die *al-Qaida*-Kämpfer – mithilfe einiger Verbindungs-(V-)Leute aus den Geheimdiensten – auf höhere Weisung gehandelt haben und immer noch handeln. Ein Mausklick ins Netz und eine Anfrage, und Sie werden eine Menge Belege dafür finden, dass die CIA von Anfang an in die Gründung von *al-Qaida* eingebunden war. Ein Indiz ist zum Beispiel die angeblich jetzt stärker werdende Aktivität von *al-Qaida* in Afrika, einer Zukunftsregion für die Ölversorgung des Westens. Ein weiteres Indiz deckte der US-Starreporter Seymour Hersh Anfang März 2007 auf: Die Regierung unter US-Präsident George W. Bush soll ein geheimes Programm zur Finanzierung von Geheimdienstoperationen gegen die schiitische Terrorbewegung *Hisbollah* im Libanon aufgelegt haben – und dabei auch *al-Qaida* nahestehende Organisationen unterstützt haben.

Aber was nutzt diese Information? Sie zeigt nur, dass die Großmächte mit wirklich allen Mitteln die verbleibenden

Ressourcen erobern wollen. Lassen Sie mich das einmal persönlich sagen: Ich sehe diesen Kampf als Fakt und ohne moralische Entrüstung. Ich sehe ihn als bedauerliche historische Entwicklung. Bedauerlich, weil die Machteliten noch immer lieber schießen lassen, als zu verhandeln. Und weil sie nicht verstehen – sie sind ja keine Historiker, kleiner Scherz –, dass Kriege langfristig weniger Profit bringen als friedlicher Wettbewerb. Wenn wir die Gewinnkurve nur kurzfristig betrachten, also etwa für die Zeitspanne von 20 Jahren, dann kann ein Krieg natürlich seine Vorteile haben.

Der Kampf um das afrikanische Öl

Seit 2008 ist es in Stuttgart installiert: das *AfriCom*, das direkt dem Pentagon unterstehende Oberkommando der US-Streitkräfte für Afrika. Sein offizielles Ziel: »Den Menschen in Afrika Frieden und Sicherheit bringen« (George W. Bush). Seine wirkliche Aufgabe: »Die Öl- und Gasfelder im Maghreb und der Sahelzone sichern« (Werner Ruf, emeritierter Professor für Internationale und intergesellschaftliche Beziehungen und Außenpolitik an der Universität Kassel).

Derzeit beziehen die USA etwa 20 Prozent ihrer Erdöl- und Erdgasimporte aus Afrika, in den nächsten Jahren sollen sie auf 25 Prozent wachsen. Doch wie soll man diese Importe langfristig sichern? Maghreb-Kenner Werner Ruf schrieb in einem Beitrag für die Zeitung *Neues Deutschland* am 21. April 2007: »Für den Krieg gegen den Terrorismus braucht man (auch) Terroristen. Schon 2004 behauptete eine Studie der *US Air Force*, dass sich in der Sahara ein gefährlicher Terroristenherd entwickele, ja, dass dort mit höchster Wahrscheinlichkeit in Verbindung mit *al-Qaida* die Anschläge vom 11. März 2004 in Madrid geplant und vorbereitet worden seien.«

Ruf zufolge sind die angeblichen Terroristen Agenten des algerischen Sicherheitsdienstes und die behaupteten Verbindungen zu *al-Qaida* reine Konstrukte der algerischen Dienste. Sie dienen als Begründung für den Ausbau der US-Militärpräsenz im saharischen und im Sahelraum. Ruf: »Alleiniger Produzent und Zulieferer der Informationen über die Gruppe ist der algerische Geheimdienst DRS. Über die Verbreitung dieser Informationen unter den Diensten entsteht jenes einheitliche Bild, das heute in den Medien nahezu wortgleich verbreitet wird. Und da die Informationen strategische Ziele verfolgen, werden sie weder auf Glaubwürdigkeit noch auf die Zuverlässigkeit der Quellen überprüft.«

Die Informationen dienen zur Begründung und zum Ausbau jener 2006 ins Leben gerufenen *Trans Saharan Counter-Terrorism Initiative* (TSCTI). Ihr gehören mittlerweile zehn Staaten an. In Djibouti, wo Frankreich eine Militärbasis unterhält, haben die USA bereits 2000 Soldaten stationiert. Stützpunkte für die TSCTI sind geplant beziehungsweise im Aufbau im Senegal, in Mali, Mauretanien, im Niger, im Tschad, in Ghana, Marokko, Tunesien und Algerien. Teilweise werden diese auch durch private Militärfirmen errichtet. Die Ausbildung der afrikanischen Soldaten erfolgt in der Regel durch die *U. S. Special Forces*.

Nach Ruf geht es dabei um die sich verschärfende Rivalität zwischen den USA und Europa und um die Verhinderung der Stärkung des chinesischen Einflusses. »Die *al-Qaida* im Maghreb dient den Interessen der US-amerikanischen Geopolitik. Und um diese Funktion zu erfüllen, muss sie glaubwürdig sein. Deshalb muss mit weiteren Anschlägen gerechnet werden. Gleichzeitig zwingt der ›Kampf gegen den Terrorismus‹ die Europäer trotz gegenläufiger eigener ökonomischer Interessen unter die Führung der USA. Die brutalen Methoden des Antiterrorkrieges einschließlich der Unterwerfung Afrikas unter die Kontrolle des US-Militärs tragen jedoch dazu bei, jenen Feind erst zu produzieren, den zu bekämpfen man vorgibt – und der dann leicht zur wirklichen Bedrohung Europas wird.«

Das Beispiel Ruanda: Waffen, Deals und falsches Spiel

Auch für Deutschland hat Afrika strategische Bedeutung als Rohstofflieferant und als Hauptabnehmer für Waffenexporte.

Die Erfahrungen in Angola, Mosambik und Ruanda – sämtlich Länder mit lang anhaltenden gewaltsamen Konflikten – zeigen, dass bei den Aggressionen, Massakern und Genoziden nicht primär schwere Waffen wie Kampfflugzeuge, Kampfpanzer oder Kriegsschiffe eingesetzt werden. Es sind die sogenannten Kleinwaffen, die töten.

Nach einem Bericht der *Süddeutschen Zeitung* erlaubte die Bundesregierung im Jahr 2012 die Ausfuhr dieser Kleinwaffen im Wert von 76 Millionen Euro; das Vorjahresergebnis war damit verdoppelt worden. Als Kleinwaffen gelten nach einer Definition der Europäischen Union unter anderem Maschinenpistolen, Maschinengewehre sowie voll- und halbautomatische Waffen. Der Export dieser Waffen ist international besonders umstritten, da ihnen weltweit die mit Abstand meisten Menschen zum Opfer fallen.

Ruanda ist eines der Beispiele: Bevor es dort im Jahr 1994 zum Völkermord kam, wurden die regierungstreue Armee sowie die sie bekämpfende Guerilla mit Kleinwaffen beliefert. Paul Kagame, Diktator des durch den Völkermord von 1994 zu trauriger Berühmtheit gelangten zentralafrikanischen Staates, hielt am 23. April 2008 einen Vortrag vor der Deutschen Gesellschaft für Auswärtige Politik (DGAP). Aber nicht nur die DGAP hofierte den Diktator, auch der damalige Bundesminister der Verteidigung (BMVg), Franz Josef Jung (CDU), traf sich am 23. April 2008 mit Kagame zu einem Gespräch.

In einer Presseerklärung hieß es dazu: Die guten bilateralen Beziehungen sollen weiter vertieft werden, dazu diene in erster Linie der Arbeitsbesuch des Präsidenten. Deutschland zähle zu den wenigen westlichen Ländern, die in Ruanda stark engagiert seien und dem Land in einem schwierigen Transformations- und Versöhnungsprozess zur Seite stünden. Jung betonte in dem Gespräch die Rolle Deutschlands bei der Übernahme der Verantwortung in Afrika. Dies geschieht zum einen im Rahmen der Vereinten Nationen und der Afrikanischen Union, zum anderen auch durch bilaterale Beziehungen. Die Voraussetzungen für die Wiederaufnahme bilateraler militärpolitischer und militärischer Beziehungen mit Ruanda wurden ebenfalls angesprochen.«

Wiederaufnahme? Militärpolitisch und militärisch? Mit Kagame, der vermutlich Millionen Menschen im Kongo auf dem Gewissen hat? Wieso überhaupt »militärische Beziehungen mit Ruanda«? Ich wollte es genauer wissen und verfasste mit meinem Kollegen Hans Pfitzinger eine Anfrage an den Pressesprecher des Bundesverteidigungsministeriums (BMVg). Sie lautete:

»Was bedeutet in diesem Zusammenhang Wiederaufnahme? Hatte die Bundesrepublik Deutschland schon früher ›bilaterale militärpolitische und militärische Beziehungen‹ zu Ruanda? Falls ja, wann war das, und wer war zu der Zeit in Ruanda an der Regierung?

Welcher Art sind die militärpolitischen und militärischen Beziehungen, die vom Bundesministerium für Verteidigung angestrebt werden?

Ist Ihnen bekannt, ob und in welchem Umfang die Bundesrepublik an die Regierung von Paul Kagame Waffen liefert oder geliefert hat?

Gehört die Lieferung von Waffen zu den militärpolitischen und militärischen Beziehungen, die von der Bundesrepublik angestrebt werden?«

Einige Tage später erhielten wir eine Antwort von Oberstleutnant Frank Guenter Wachter aus dem BMVg:

»Von 1979 bis 1994 nahmen 59 Lehrgangsteilnehmer aus Ruanda an verschiedenen Lehrgängen an Ausbildungseinrichtungen der Bundeswehr teil, mit Schwerpunkt in technischen Ausbildungsgängen, sowie am Lehrgang General-/Admiralstabsdienst mit internationaler Beteiligung. Ruanda war Empfängerland von Ausstattungshilfen der Bundesregierung von 1976 bis 1994. Die Hilfe wurde bei Ausbruch des Bürgerkrieges eingestellt. Inhalt der Hilfen bis zum Abbruch des Ausstattungshilfeprogrammes waren der Aufbau einer Kfz-Instandsetzungswerkstatt und einer Fahrschuleinrichtung und die medizintechnische Einrichtung eines Krankenhauses.

Rüstungsexporte in diese Region orientieren sich an den ›Politischen Grundsätzen der Bundesregierung für den Export von Kriegswaffen und sonstigen Rüstungsgütern‹ vom 19. Januar 2000. Sie werden danach besonders restriktiv behandelt. Eine Überlassung von Waffen aus Beständen der Bundeswehr fand nicht statt. Die besprochenen Details des Gesprächs hinsichtlich der Möglichkeiten und Grenzen einer bilateralen militärischen Zusammenarbeit sind nicht zur Veröffentlichung vorgesehen.«

Darauf fragten wir den Afrika-Kenner und Buchautor Hans Christoph Buch in einer E-Mail: »Halten Sie es für möglich, dass deutsche Rüstungsfirmen in der Gegenwart Waffen und militärische Ausrüstung nach Ruanda exportieren?«

Buch antwortete noch am selben Tag: »Ja. Die wirtschaftliche, politische und jetzt sogar militärische Kooperation der

Bundesrepublik mit Ruanda ist ein Skandal nach allem, was Paul Kagame in der Region angerichtet hat – insbesondere, was die Destabilisierung der Kongo-Republik betrifft. Nach dem Völkermord in Ruanda gab es den ›Benefit of Doubt‹, aber inzwischen liegen die Fakten auf der Hand, das Versprechen von Freiheit und Demokratie hat sich ins Gegenteil verkehrt, zumindest in Ostafrika, wo Militärregimes mit westlicher, vor allem amerikanischer, aber auch deutscher Hilfe die Macht ergriffen haben (Ruanda, Kongo, Uganda, Äthiopien, Eritrea u. a. m.).«

Bleibt noch anzufügen: Paul Kagame wird von einem spanischen und einem französischen Richter wegen des Flugzeugattentats im Jahr 1994 per Haftbefehl gesucht. An jenem 6. April 1994 kamen die Präsidenten Ruandas und Burundis (beide Hutus) sowie die wichtigsten Mitglieder der ruandischen Militärführung beim Absturz – oder besser: Abschuss – ihres Flugzeugs ums Leben. Verdächtigt wurden damals »Hutu-Extremisten«. Nach Einschätzung des französischen Ermittlungsrichters Jean-Louis Bruguière war Kagame (der damalige Anführer der Tutsi-Rebellen) der Auftraggeber. Der Anschlag löste den Völkermord von Hutus und Tutsis im Sommer 1994 aus, dem etwa eine Million Menschen zum Opfer fielen. Laut UN-Bericht vom April 2004 ist Kagame darüber hinaus verantwortlich für die Ausbeutung kongolesischer Bodenschätze in massivem Ausmaß. Zitat aus dem Bericht: »Die Präsidenten Kagame und (der ugandische Präsident) Museveni sind gerade dabei, die Paten der illegalen Ausbeutung der Bodenschätze und der Fortsetzung des Konflikts in der Demokratischen Republik Kongo zu werden.« Der Bericht schätzt, dass sich führende Mitglieder der ruandischen Regierung beim illegalen Mineralienhandel mit Hunderten Millionen Dollar bereichert haben.

Wird Deutschland am Kongo verteidigt?

Neben Waffengeschäften geht es Deutschland vor allem um Rohstoffe in Afrika. »Globale Sicherheit im 21. Jahrhundert wird untrennbar auch mit Energiesicherheit verbunden sein«, sagte der Bundesaußenminister der früheren Großen Koalition, Frank-Walter Steinmeier (SPD), in einer programmatischen Rede auf der Münchner Sicherheitskonferenz am 5. Februar 2006. »Und die deutsche Außen- und Sicherheitspolitik«, fuhr er fort, »muss sich dieser strategischen Herausforderung stellen. Wir sind ein rohstoffarmes Land.« Ins Visier dieser strategischen Herausforderung geraten sind vor allem der Sudan und die gesamte Region Zentralafrika.

In seiner »Außenpolitischen Strategie zu Zentralafrika« verweist das Auswärtige Amt (AA) neben anderen knappen Rohstoffen auf die Ölvorkommen in Gabun, Kamerun, in der Republik Kongo, in Äquatorialguinea, im Tschad sowie auf die in der Demokratischen Republik Kongo (früher Zaire). Allein in dieser Republik – und zwar nahe der Grenze zu Ruanda (!) – finden sich nach Angaben des AA die Rohstoffe Gold, Diamanten, Kupfer, Kobalt, Tantal, Zink, Zinn, Kadmium, Germanium und Wolfram.

Erklärt diese Tatsache den UN- und Bundeswehreinsatz zur Sicherung der Wahlen im Jahr 2006 oder auch das oben beschriebene Engagement in Ruanda? Derzeit hat die Bundeswehr Militärbeobachter im Sudan und im Südsudan, in Somalia, im Kongo, in Mali und im Senegal stationiert.

Das Schwarze Gold weckt jedoch die meisten Begehrlichkeiten, wie das Beispiel Sudan zeigt. Die islamische Republik, siebenmal so groß wie Deutschland und größter Flächenstaat des Kontinents, verfügt nach amerikanischen Schätzungen über ein Erdölvorkommen von rund drei Milliarden Barrel. Das Öl befindet sich im Süden des Landes und wird von Unternehmen aus China, Indien, Pakistan und Malaysia gefördert. Wichtigster Investor ist hierbei die Volksrepublik China, die knapp ein Zehntel ihrer Ölimporte aus dem Sudan bezieht. Über eine Pipeline gelangt das Öl in den Norden des Landes, nämlich nach Port Sudan am Roten Meer, und wird von dort per Schiff nach Asien transportiert. Seit dem 9. Juli 2011 ist der ölreiche Süden als Republik Südsudan ein eigener Staat.

Über eine Eisenbahnlinie nach Kenia soll der Öltransport unabhängig von der nach Norden laufenden Pipeline und damit dem chinesischen Einfluss werden: »Die Lebensader unserer Unabhängigkeit« ist das Jahrhundertprojekt der Thormählen Schweißtechnik AG. Die Oldesloer Firma soll die 4100 Kilometer lange Eisenbahnstrecke von den Ölfeldern des Südsudan mit Abzweigungen nach Uganda bis nach Rongai im kenianischen Nakuru-Distrikt, eventuell sogar bis in die Hauptstadt Nairobi bauen. Sie soll an das vorhandene alte englische Eisenbahnnetz anschließen, das die Firma im Zuge eines Folgeprojektes ebenfalls erneuern will.

Zusätzlich sind eine Reihe weiterer Infrastrukturmaßnahmen im Rahmen des Projekts geplant. Dies sind laut einer Pressemitteilung der norddeutschen Firma unter anderem: »Aufbau von Energieerzeugung (insbesondere Wasserkraft); Aufbau der Nilschifffahrt; Aufbau der Telekommunikation; Aufbau einer Fluggesellschaft; Aufbau einer neuen Hauptstadt für den Südsudan.« Dem Unternehmen zufolge belaufen sich die Kosten auf »2,5 Milliarden US-Dollar alleine für den Gleisoberbau. Insgesamt ist mit einem Investitionsvolumen von circa acht Milliarden US-Dollar für diesen Bereich zu rechnen.«

Kein Wunder also, dass in der deutschen Wirtschaft bezüglich des Sudans eine Goldgräberstimmung herrscht. »Ich bin begeistert, dass die deutsche Wirtschaft ein so großes

Interesse daran zeigt, im Sudan tätig zu werden«, so Klaus Thormählen. »Es kamen bereits Anfragen von Firmen, wie viel sie investieren sollen, um unsere Partner zu werden.« Eine Kooperation mit dem Minenräumunternehmen Mine Wolf aus Koblenz ist bereits vereinbart. ThyssenKrupp ist ebenfalls schon eingestiegen. Presseberichten zufolge seien auch Siemens, die Strabag und andere deutsche Konzerne hochinteressiert, sich an dem Geschäft zu beteiligen. Damit man die Bevölkerung auch über die Segnungen deutschen Profitstrebens adäquat aufklären kann, will Thormählen, der sich selbst schon als »Konsul des Südsudan« sieht, auch zusammen mit *Radio Hamburg* einen Radiosender namens *Voice of Sudan* aufbauen: »Die einfachen Menschen im Sudan können nicht lesen. Das Radio ist die einzige Möglichkeit, sie zu erreichen«, so der Firmenchef am 17. Februar 2005 gegenüber dem *Hamburger Abendblatt.*

Aufschlussreich ist der Zeitplan, den Thormählen in seiner Pressemitteilung bekannt gab: »Der erste Bauabschnitt schließt an die in Kenia vorhandene Meterspurbahn an und verbindet die Städte Rongai (nordwestlich von Nairobi) mit Juba im Südsudan.« Aus diesem ehrgeizigen Plan ist angesichts des desolaten Zustands der anschließenden Bahnen in Uganda und Kenia, ebenso wie aufgrund der Kosten der Projekte in Relation zur Armut des Südsudans bis heute nichts geworden.

3. Der Truppenaufmarsch

3.1 Die Provokation Russlands

Der frühere sowjetische Staatspräsident Michail Gorbatschow warnte am 10. Dezember 2011 in München vor der Stationierung von NATO-Raketenabwehrsystemen an Russlands Westgrenzen und deren Konsequenz: »So, und jetzt rüsten wir (Russland) auf. Wir sind bereit, Waffen einzusetzen, um unsere Sicherheit zu gewährleisten. Und was bedeutet das: Dritter Weltkrieg.«

Konfliktfall Raketenabwehrschild

Aber zunächst sah es nach Frieden aus. US-Präsident Barack Obama und Wladimir Putin ratifizierten im Winter 2011 den »New Start«-Vertrag, mit dem sich beide Staaten verpflichteten, nur noch jeweils maximal 1550 strategische Atomsprengköpfe einsatzbereit zu halten und die Zahl der Trägersysteme dafür zu reduzieren. Im Oktober 2013 schlug Obama vor, diese Zahl noch einmal um ein Drittel auf 1000 Sprengköpfe zu kürzen.

Russlands stellvertretender Außenminister Sergej Rybakov lehnte jedoch ab: »Bevor wir darüber sprechen, ob wir die Zahl der Sprengköpfe weiter reduzieren, müssen wir eine akzeptable Lösung für das Raketenabwehrproblem finden.« Gemeint hat Rybakov das im Bau befindliche und über die osteuropäischen NATO-Staaten verteilte System von Abwehrraketen, das Europa vor dem Angriff feindlicher Atomraketen schützen soll. Im Kriegsfall könnte die NATO – so die Sichtweise des *Kreml* – Atomwaffen gegen Russland einsetzen, ohne den Gegenschlag fürchten zu müssen, da dieser von den Abwehrraketen abgefangen würde. Putin: »Wir dürfen es nicht zulassen, dass das Gleichgewicht der strategischen Abschreckung gestört wird.« William Engdahl hat am 14. November 2013 in *Kopp Online* auf Putins Verärgerung hingewiesen.

Die Ängste Russlands scheinen nicht unbegründet, denn neben dem jetzt begonnenen Bau des Raketenabwehrschirms halten die USA laut der *Zeit* vom 26. Mai 2012 derzeit in fünf europäischen Ländern etwa 200 taktische Atomwaffen einsatzbereit, 20 davon auf dem Fliegerhorst Büchel in Rheinland-Pfalz. Diese kleinen Nukes werden gerade mit Milliardensummen modernisiert (um höhere Effektivität und Treffgenauigkeit zu erzielen) und können auch von Kampfjets abgeworfen werden.

In Washington behauptet man, der NATO-Raketenschild in Europa sei nicht gegen Russland gerichtet, sondern gegen iranische Raketen. In Moskau gilt er als Versuch, einen entscheidenden strategischen Vorteil über die Russische Föderation zu erwerben: Die USA könnten durch den Schild eine mögliche Vergeltung neutralisieren und dadurch versucht sein, einen ersten nuklearen Angriff zu starten.

Im März 2013 verkündeten die USA, 24 *SM-3*-Raketen in Polen und genauso viele in Rumänien zu stationieren, und dazu eine unbestimmte Zahl von *Aegis*-Raketen an Bord der Mittelmeerfregatten. Gleichzeitig hat Polen angekündigt, dass es 33,6 Milliarden Euro ausgeben wird, um einen eigenen Schild (mit US-Technologien) aufzubauen und ihn der NATO zu unterstellen.

Die *Lockheed Martin Corporation* meldete im Mai 2013 vier erfolgreiche Tests von *Aegis*-Flugkörpern. 30 Kriegsschiffe sind bereits mit dem neuen Waffensystem ausgerüstet.

Am 3. Februar 2014 verlegten die USA den Raketenzerstörer *USS Donald Cook*, der mit dem *Aegis*-Abwehrsystem gegen ballistische Raketen ausgestattet ist, nach Spanien, um dort den Raketenabwehrschild der NATO in Europa zu verstärken. Laut US-Verteidigungsminister Charles Hagel sollen innerhalb der nächsten zwei Jahre noch drei weitere Zerstörer mit *Aegis*-Systemen in dieses »Projekt zum Schutz der NATO-Länder auf dem europäischen Kontinent« integriert werden. In diesem Zusammenhang ging Hagel auch darauf ein, dass China und Russland »ihre Streitkräfte und ihre weltweit agierende Rüstungsindustrie sehr rasch modernisieren. Dies stellt unseren technologischen Vorsprung und Verteidigungspartnerschaften weltweit infrage.«

Fast ein halbes Jahr zuvor, im Oktober 2013, wurde auf dem Deveselu-Flugstützpunkt in Rumänien der erste Spatenstich der Arbeiten für die Bodeninstallation der *Aegis*-Rakete unternommen. Der Stützpunkt wird durch das Pentagon mit 100 Millionen Euro finanziert und soll im Jahr 2015 betriebsbereit sein. Er wird formell unter rumänischer Führung stehen, aber die Raketen werden von 500 US-Soldaten bedient werden.

Einen Monat später bestätigte das Pentagon, dass die in Europa stationierten *B61-11*-Atombomben in *B61-12* umgerüstet werden, die auch als Bunker-Buster-Bomben einsetzbar sind. Schon im Juli 2013 hatte *Lockheed Martin* den zweiten *Muos*-Satelliten in die Umlaufbahn geschickt, der »dem strategischen Kommando für den operationellen Einsatz gewidmet ist«.

Es gibt eine bemerkenswerte Zusammenfassung der Raketenschildproblematik in der Zeitschrift *Foreign Affairs* vom April 2006: »Washingtons konstante Weigerung, sich eines Erstschlags zu enthalten, und die Entwicklung einer begrenzten Raketenabwehr des Landes nehmen eine neue und möglicherweise bedrohlichere Gestalt an … Die Fähigkeit, einen Atomkrieg zu führen, bleibt zentraler Bestandteil der Militärdoktrin der Vereinigten Staaten und das atomare Primat bleibt Ziel der Vereinigten Staaten.«

Die Folgen der gegenwärtigen Eskalation der Raketenabwehr in Europa (und gegen China und Japan) sehen die beiden Autoren des *Foreign-Affairs*-Artikels »The Rise of U. S. Nuclear Primacy« (zu Deutsch etwa: »Am Beginn der atomaren Vorherrschaft«), Keir A. Lieber und Daryl G. Press, darin:

»… Die Art der Raketenabwehr, die die USA plausibel stationieren würden, wäre in erster Linie im offensiven, nicht im defensiven Kontext wertvoll – als Ergänzung zu einer Erstschlagfähigkeit der USA [dazu später mehr, Anm. d. Verf.], nicht als isolierter Schutzschirm. Würden die Vereinigten Staaten einen atomaren Angriff auf Russland (oder China) richten, bliebe dem ins Visier genommenen Land nur ein winziges Arsenal übrig – wenn überhaupt. Dann könnte schon eine relativ bescheidene oder ineffiziente Raketenabwehr ausreichen, sich vor einem Vergeltungsschlag zu schützen …«

Die USA seien mit dem Raketenabwehrsystem in der Lage, etwa 99 Prozent der russischen Atomraketen im Erstschlag zu zerstören. Das eine Prozent der verbliebenen russischen

Raketen, die Moskau noch abfeuern könnte, würde durch den Raketenschild neutralisiert werden.

Lieber und Press kommen zu dem Schluss: »Zum ersten Mal seit 50 Jahren stehen die Vereinigten Staaten heute an der Schwelle des atomaren Primats. Die Vereinigten Staaten werden womöglich schon bald in der Lage sein, mit einem Erstschlag das Langstreckenarsenal Russlands oder Chinas auszuschalten. Diese dramatische Veränderung im atomaren Machtgleichgewicht ist die Folge verschiedener Verbesserungen in den Nuklearsystemen der Vereinigten Staaten, dem jähen Niedergang von Russlands Arsenal und dem Schneckentempo der Modernisierung der chinesischen Atomstreitkräfte.«

Seit der Ukraine-Krise attackiert Russland die USA wegen des Raketenschilds verbal noch viel härter als in den Jahren davor. Am 23. Mai 2014 sagte Vizeaußenminister Sergej Rjabkow in Moskau, Russland werde reagieren müssen, wenn die USA die Fertigstellung ihres umstrittenen Raketenschildes in Europa beschleunigen sollten. Der Zweck des US-Raketenschildes in Europa bestehe darin, das atomare Abschreckungspotenzial Russlands zu beeinträchtigen. Weil bislang kein Kompromiss erzielt werden konnte, habe Russland keine andere Wahl, als Gegenmaßnahmen für seine Sicherheit zu ergreifen. Rjabkow rief jene US-Politiker, die sich für eine Intensivierung des Aufbaus des Raketenschildes starkmachen, zu mehr Verantwortung auf. Wie die offizielle russische Nachrichtenagentur *RIA Novosti* außerdem meldete, schloss der russische Generalstab sogar als äußerstes Mittel einen Präventivschlag gegen die Raketenabwehranlagen in Europa nicht aus.

Kalter Krieg an den Grenzen

Aus Protest gegen den Ausbau des Raketenschildes hat Präsident Putin die Arbeitsgruppe aufgelöst, die im Jahr 2011 gebildet wurde, um Formen der Zusammenarbeit mit der NATO im Verteidigungssektor durch Raketen zu finden. Gleichzeitig wurde bekannt, dass russische Einheiten mit *Iskander*-Raketen und ballistischen, mobilen Interkontinental-Raketen der neuen Generation *Yars* bewaffnet werden, die bis zu zehn Atomsprengköpfe transportieren können.

Bei *Iskander-M* handelt es sich um eine hochpräzise Boden-Boden-Rakete, die Ziele in einer Entfernung von bis zu 500 Kilometern bekämpfen kann. Die Rakete wurde unter Einsatz der Tarnkappentechnologien gebaut und ist für Radarsysteme schwer lokalisierbar. Während des Flugs führt sie zudem komplizierte Manöver aus, wodurch sie noch schwerer zu orten ist. Einige davon sind seit Dezember 2013 in der russischen Exklave Kaliningrad stationiert, 500 Kilometer von Berlin entfernt.

Gleichzeitig hat Putin vier weitere Flugabwehr-Langstreckenraketensysteme *S-300* an seinen Bündnispartner Weißrussland geliefert. Drei davon sind bereits an der Grenze zur NATO aufgestellt. Demnächst soll auch ein russischer Luftwaffenstützpunkt mit den Jagdflugzeugen *Su-27* in Lida in unmittelbarer Nähe der litauischen und der polnischen Grenze eingerichtet werden.

Zudem halten Russland und Weißrussland regelmäßig Militärübungen ab. »Das Erstarken der russischen Militärmacht wird zum Spannungsfaktor«, sagt Sicherheitsexperte Nikolas Gvosdev vom *U. S. Naval War College*.

Weitere Meldungen der russischen Nachrichtenagentur *RIA Novosti* aus dem Frühjahr 2014 bestätigten diesen Trend: Das Verteidigungsministerium meldete die Übungsstarts von atomwaffenfähigen Interkontinentalraketen der Typen *RS-12M Topol* und *RS-20W Wojewoda*. Die Raketen seien von den Startplätzen Plessezk (Nordwestrussland) und Dombarowski (Südural) gestartet worden und zielgenau auf dem Schießplatz Kura auf der Pazifikhalbinsel Kamtschatka niedergegangen.

Darüber hinaus feuerten das Atom-U-Boot *Brjansk* in der Barentssee und das Atom-U-Boot *Swjatoj Georgi Pobedonossez* im Ochotskischen Meer ballistische Raketen auf Übungsziele in Nordrussland und auf Kamtschatka erfolgreich ab. Raketenverbände in Zentralrussland und am Ural zündeten zudem operativ-taktische Raketen *Iskander* und *Totschka-U*, die die Übungsziele am Kaspischen Meer trafen, so das Verteidigungsministerium weiter.

USA: Bereit zum Dritten Weltkrieg

»Das US-Militär muss in der Lage sein, innerhalb einer Stunde einen präzisen Angriff mit konventionellen Waffen irgendwo in der Welt durchzuführen.« General James Cartwright vom US-Marine-Korps hatte diese Forderung im April 2010 aufgestellt. Dieser *Prompt Global Strike* (PGS) soll auf drei Wegen erfolgen: durch Interkontinentalraketen mit konventioneller Bestückung – abgefeuert von Raketenbasen oder U-Booten, durch Hyperschall-Cruises-Missiles, die von Bombern abgeworfen werden, und durch weltraumgestützte Laserwaffen.

Wenige Tage nach Cartwrights Forderung erklärte Verteidigungsminister Robert Gates, die USA hätten bereits jetzt (2010) die Fähigkeit zum sofortigen globalen Angriff. Das PGS-System stützt sich derzeit auf die beiden ersten Säulen: die bereits bestehenden Interkontinentalraketen – hier setzt das Pentagon laut einer Verlautbarung vom Januar 2012 auf die U-Boote als Abschussbasen – und die erfolgreich getesteten Hyperschallraketen (derzeit Mach 6). 200 Millionen Dollar sind allein 2013 für das PGS-Programm bereitgestellt worden. Über den Stand der Entwicklung bei den aus dem Weltraum abgefeuerten Waffen schweigt sich das Pentagon aus.

Im Jahr 2006 gab die damalige US-Botschafterin bei der NATO, die ehemalige Beraterin des US-Vizepräsidenten Dick Cheney und Frau des bereits zitierten neokonservativen Vordenkers Robert Kagan, Victoria Nuland – dieselbe, die mit ihrem »Fuck the EU« Schlagzeilen machte –, der Londoner Zeitung *Financial Times* ein Interview. Darin sagte sie, die USA wünschten sich eine »weltweit einsetzbare militärische Streitmacht«, die überall operieren könnte, von Afrika bis zum Nahen und Mittleren Osten und darüber hinaus – »auf der ganzen Welt«.

Am 7. Mai 2014 meldeten die Nachrichtenagenturen: Das Pentagon hat die Absicht, militärische Präsenz weltweit zu festigen und die Verteidigungszusammenarbeit mit den Verbündeten zu aktivieren, wie US-Verteidigungsminister Chuck Hagel mitteilte. »Gegenwärtig sind US-Militärs in ungefähr 100 Ländern präsent. Weltweit sind das etwa 400 000 Mann ... Der Entwurf unseres Budgets und die Verteidigungsstrategie geben klar zu verstehen, dass wir ungeachtet der Reduzierung der Streitkräfte nicht einfach in Garnisonen zurückkehren müssen. Wir müssen die Möglichkeiten der Verbündeten weiter verstärken, neue Allianzen gründen und alte festigen sowie in Vereinbarungen zu gemeinsamer Gewährleistung der Sicherheit investieren«, sagte Hagel in Chicago im *Council on Global Affairs*.

Seinen Worten nach verschiebt sich heute der Schwerpunkt auf die asiatisch-pazifische Region. Aber wichtig seien auch andere Regionen. Der Minister wies darauf hin, dass US-Militärs gegenwärtig auf den Philippinen, in Australien, Singapur, Japan und Südkorea präsent seien.

Die USA hätten auch die Absicht, das Zusammenwirken mit multilateralen Vereinigungen – zum Beispiel dem Verband Südostasiatischer Staaten ASEAN (*Association of Southeast Asian Nations*; eine Art asiatischer EU mit den Mitgliedern: Brunei, Kambodscha, Indonesien, Laos, Malaysia, den Philippinen, Singapur, Myanmar, Vietnam, Thailand) und dem Kooperationsrat der arabischen Golfstaaten (GCC; mehr dazu später) – zu verstärken. Wenn wir über mögliche Konfliktregionen nachdenken, ist noch eine Tatsache wichtig: Am 18. November 2012 verabschiedeten die ASEAN-Mitglieder auf ihrem Gipfeltreffen in der kambodschanischen Hauptstadt Phnom Penh eine umstrittene Menschenrechtserklärung. Sie sieht unter anderem vor, bei Gefährdung nationaler Sicherheit (vor allem in Myanmar, Kambodscha oder Vietnam) eingreifen zu können.

Russland hält dagegen

Im Dezember 2010 konterte der Kommandeur der russischen Raketenstreitkräfte, Sergey Karakaev, die amerikanische Aufrüstung: Die neue russische *S-500*-Rakete eigne sich hervorragend als Träger von höchst präzisen konventionellen Sprengköpfen mit globaler Reichweite. Aber weil deren Indienststellung noch dauert, warnte schon einmal Vizepremierminister Dimitry Rogozin am 11. Dezember 2013 vor der *Duma*, Russland werde mit Sicherheit Atomwaffen einsetzen, wenn »unser Territorium oder der Staat angegriffen wird«. An die Adresse der USA gerichtet sagte er, man könne, solange man wolle, konventionelle Gefechtsköpfe entwickeln, aber Russland werde auf jeden Fall mit Atomwaffen zurückschlagen.

Dennoch drängte der Oberbefehlshaber der russischen Streitkräfte, Wladimir Putin, am selben Tag Vertreter des Verteidigungsministeriums und der Rüstungsbetriebe, »neue Waffen und Kriegsgerät so schnell wie möglich einzuführen. ›Ich möchte Sie darauf hinweisen, dass diese prinzipiell neue Technik bereits ab 2014 den Truppen zur Verfügung gestellt werden soll.‹«

Einen Tag später, am 12. Dezember 2013, legte der russische Vizeaußenminister Sergej Rjabkow nach: Das amerikanische PGS-System könne einen »Konflikt mit apokalyptischen Folgen« provozieren. Tags darauf geißelte Wladimir Putin in seiner Jahresbotschaft derartige Erstschlagskonzeptionen: »Sie gefährden die regionale und globale Stabilität … und zerstören das Gleichgewicht der Kräfte. Zudem wissen wir, was wir in diesem Fall unternehmen müssen. Niemand darf sich die Illusion machen, eine militärische Überlegenheit gegenüber Russland zu erreichen. Das lassen wir niemals zu. Russland wird auf alle diese Herausforderungen – sowohl politische als auch technologische – antworten.« Putin weiter: »Wir müssen nachdenken, wie eine gut ausgebildete mobilisierungsfähige Reserve zu schaffen ist. In diesem Zusammenhang wollen wir vorschlagen, das Ausbildungssystem an den Hochschulen zu ändern, ohne dabei auf den Wehrdienstaufschub für die Studenten zu verzichten.«

Interessante Informationen veröffentlichte der italienische Geograf und Geopolitiker Manlio Dinucci am 20. August, am 8. November und am 23. Dezember 2013 im *Voltaire Netzwerk* (*voltairenet.org*). Dinucci schreibt:

Raketenschild, Ausbau der NATO im Osten und die USA/NATO-Zerstörungspläne von Syrien und dem Iran würden in Moskau als Versuch wahrgenommen, einen strategischen Vorteil über die Russische Föderation zu gewinnen (und darüber hinaus über China). Die USA und ihre NATO-Verbündeten seien dabei, den militärischen Druck auf Russland zu erhöhen. Nachdem die USA beschlossen hätten, einen Raketenschild auch auf der Insel Guam im westlichen Pazifik zu installieren, habe das russische strategische Kommando angekündigt, eine neue 100-Tonnen-Rakete, »fähig, ein Raketenabwehrsystem zu überwältigen«, zu bauen.

Nach Dinucci hat Russland innerhalb eines Jahres 16 experimentelle Interkontinentalraketen verschiedener Typen getestet. Und das erste Atom-U-Boot der neuen *Borey*-Klasse ist bereits auf See: 170 Meter lang, fähig, 450 Meter tief zu tauchen, bewaffnet mit 16 *Bulawa*-Raketen, die einen Einsatzradius von 9000 Kilometern und zehn unabhängige Atomsprengköpfe haben und die Abfangraketen ausweichen können. Das neue U-Boot gehört zu den acht Atom-U-Booten, 16 Unterseebooten und 54 Oberflächeneinheiten, die die russische Marine bis 2020 erhalten wird.

3.2 Russische Gegenmaßnahmen

Neben den sofortigen Reaktionen auf den Raketenabwehrschild und auf das *Prompt-Global-Strike*-Konzept, die ich oben genannt habe, rüstet Russland auch insgesamt sein Militär für eine mögliche Auseinandersetzung mit den Vereinigten Staaten von Amerika.

»Russland verfügt über die modernsten Waffen, die sonst niemand auf der Welt hat. Der nukleare Schild des Landes ist weiterhin stark und mächtig. Wir haben mehrere tausend Kampfflugzeuge und -hubschrauber. Wir haben ein überaus leistungsstarkes Luftabwehrsystem sowie das modernste Raketenabwehrsystem. Etwas Moderneres hat niemand.« Der russische Verteidigungsminister sagte dies am 12. Februar 2014 vor Studenten der Sibirischen Universität Krasnojarsk. Und er fügte hinzu, die im Jahr 2008 eingeleitete Armeereform sei die umfangreichste in der gesamten postsowjetischen Geschichte. Fast die Hälfte der Armee sei inzwischen mit neuen Waffen ausgerüstet worden.

Putin rüstet auf

Gehen wir ein Jahr zurück. 2013 gab es folgende Meldungen aus Russland: Ministerpräsident Medwedew verkündete die größte Umrüstung der russischen Armee seit dem Zweiten Weltkrieg. Immer mehr Regimenter rüsteten auf die neuen Interkontinentalraketen um. Russlands Luftwaffe wurde mit neuen Jets und Hightech-Waffen ausgestattet. Präsident Wladimir Putin ermahnte die Generalstäbe, die russische Armee müsse in drei bis fünf Jahren ein neues Niveau erreicht haben. Seit Frühjahr 2013 löste er – erstmals seit 20 Jahren – per

Telefon in unregelmäßigen Abständen und unangekündigt Alarm für die verschiedensten Teileinheiten der Streitkräfte aus, um zu testen, wie schnell sie ihre Gefechtsbereitschaft herstellen können. Durch diese Alarmübungen soll die schnelle Einsatzfähigkeit der Truppen gesteigert werden.

Im Rahmen der massiven Neuausrüstung der Armee und Flotte baut das russische Verteidigungsministerium in den nächsten Jahren laut Generalstabschef Waleri Gerassimow rund 100 Flugplätze, Standorte für Langstreckenraketen, aber auch Marinebasen. Die neuen Infrastrukturanlagen würden auf die neuesten Rüstungen zugeschnitten sein. Darüber hinaus sollen in den nächsten fünf Jahren moderne Übungsgelände für Gebirgsjäger, Landstreitkräfte, aber auch für die Kriegsmarine und die Luftwaffe errichtet werden. Mehr als 100 Truppenteile und Verbände würden mit neuen Trainingsanlagen ausgestattet, so der Generalstabschef. Ziel sei es, die Qualität der Kampfausbildung zu steigern.

Die russischen Streitkräfte werden 2014 nach Angaben des Verteidigungsministeriums rund 1700 neue Panzer und mehr als 9000 militärische Fahrzeuge in Dienst stellen. Zugleich sollen mehr als 14 000 veraltete Panzer ausgemustert werden, wie Vizeverteidigungsminister Dmitri Bulgakow im Januar 2014 mitteilte. Weiteren rund 4500 Panzern und Kampffahrzeugen steht eine Modernisierung bevor.

Im Jahr 2013 wurden mehr als 2200 neue Panzer und Kraftfahrzeuge für die Truppen angeschafft, mehr als 1700 weitere wurden modernisiert, so der Vizeminister weiter. Der Anteil der modernen Panzertechnik, der gegenwärtig knapp ein Viertel beträgt, soll bis Jahresende 2015 auf 40 Prozent wachsen. Der Fahrzeugpark werde zu fast zwei Dritteln erneuert, hieß es. Auch die Luftwaffe erwartet »Nachwuchs«: Im Januar 2014 traten die ersten modernisierten Mehrkampfjets *Su-35* den Dienst an.

2013 haben die Truppen laut Bulgakow rund 300 neue Raketensysteme und Artilleriegeschütze, darunter Kurzstreckenraketensysteme *Iskander-M*, Fla-Systeme *Tor-M2U* und Panzerhaubitzen *Msta-SM* sowie Panzerabwehrlenkwaffen *Chrisantema-S*, erhalten.

Neben der konventionellen Aufrüstung sollen auch die Atomwaffen modernisiert werden. Nach russischen Angaben betrug der Anteil der modernen Waffen bei den strategischen Atomkräften zum Jahresende mehr als 45 Prozent, beim Heer 21 Prozent. Die Luftwaffe, die Marine und die Luft- und Weltraumverteidigung würden zu 42, 52 beziehungsweise 62 Prozent erneuert sein, teilte Verteidigungsminister Sergej Schoigu Ende 2013 mit.

Pünktlich am 1. Januar 2014 erfolgte der Baubeginn für ein neues Verteidigungszentrum, das alle militärischen Einheiten vernetzen soll. Mit dem Zentrum werde ein »einheitliches Führungssystem für die ganze militärische Organisation« entstehen, sagte der Minister.

Seit diesem Zeitpunkt hat Russland auch einen neuen Mobilisierungsplan für die Wirtschaft in Kraft gesetzt, der eine prompte Aufstockung der Rüstungsproduktion ermöglichen soll. Der Plan sei, so Vizepremier Dmitri Rogosin im Januar 2014, von der Regierungskommission für die Rüstungsindustrie ausgearbeitet worden und sehe vor, dass die Kapazitäten der Rüstungsbetriebe nicht mehr »konserviert«, sondern so gestaltet werden, dass sie ihre militärische Produktion bei Bedarf prompt aufstocken können. Hierfür sollen die Produktionsanlagen modernisiert und die Arbeitsproduktivität gesteigert werden. Zuvor stillgelegte Produktionsstätten sollen wieder in Betrieb gehen.

»Der Mobilisierungsplan der Wirtschaft ist ein wichtiger Teil des Verteidigungsplans Russlands«, so Rogosin weiter. Binnen sechs Monaten sollen entsprechende Mobilisierungspläne in allen russischen Regionen und föderalen Ministerien angenommen werden.

Ein Blick in die blanken Zahlen

Nach seinen Rüstungsausgaben steht Russland mittlerweile auf Platz drei hinter den USA und China, schrieb die Zeitung *Nowyje Iswestija* Mitte Februar 2014 unter Berufung auf eine Studie des US-amerikanischen Wirtschaftsforschungsinstituts IHS. Ansonsten weichen die IHS-Zahlen doch erheblich von denen des Stockholmer Instituts für Friedensforschung (SIPRI) ab, das weltweit als die vermutlich verlässlichste Quelle für Militärausgaben gilt. Ich werde daher die SIPRI-Statistiken hier nennen.

Für das Jahr 2013 ergeben sich demnach folgende Militärausgaben:

USA	640 Milliarden Dollar
Frankreich, Großbritannien, Deutschland, Italien	201 Milliarden Dollar
Saudi-Arabien, Emirate	86 Milliarden Dollar
Japan, Südkorea	83 Milliarden Dollar
Gesamt: NATO-Verbündete	*über eine Billion Dollar*
Russland	88 Milliarden Dollar
China	188 Milliarden Dollar.

Zum Vergleich: Die USA haben zwar weiterhin die höchsten Rüstungsausgaben weltweit, doch 2014 werden sie um 1,3 Prozent sinken. Chinas Aufrüstung wird im gleichen Jahr um sechs Prozent wachsen. Russland stockt seine Rüstungsausgaben 2014 gleich um 44 Prozent auf.

Nach Angaben von SIPRI sind Russlands Verteidigungsausgaben zwischen 1999 und 2008 um 173 Prozent gestiegen, während die der Bundesrepublik um elf Prozent gesunken sind.

Diese russische Aufrüstung wird auch erkennbar, wenn wir die Zahlen des »Informationsportals Krieg und Frieden« der Bundeszentrale für politische Bildung (bpb) aus dem Jahr 2011 mit denen der Deutschen Presseagentur (dpa) von 2014 vergleichen. Ziehen wir die gesamte osteuropäische Krisenregion in Betracht, dann ergibt sich folgende Gegenüberstellung (in aufgerundeten Zahlen).

Die dpa beziffert die Truppenstärken folgendermaßen:

- Baltische Staaten 23 000, Polen 99 000, Tschechien 25 000, Slowakei 16 000, Ungarn 26 000, Bulgarien 31 000 und Rumänien 71 000 Soldaten.
  Insgesamt also 291 000 Mann für die Ost-NATO.
- Demgegenüber stünden 875 000 russische und weißrussische Soldaten.

Auch bei der Bewaffnung wird die Überlegenheit Russlands deutlich:

- Den 4869 Panzern (davon 3334 in Polen) der NATO-Oststaaten stellen Russland und Weißrussland 5626 Panzer entgegen.
- Die Konfrontation in der Luft: 551 NATO-Kampfflugzeuge gegen 1553 des potenziellen Gegners.

Interessant wird es, wenn wir diese jüngsten Zahlen der dpa mit denen von vor drei Jahren vergleichen, die uns die Bundeszentrale für politische Bildung nennt. In dieser kurzen Zeit hat die russische Armee ihr Personal drastisch reduziert: von 1,2 Millionen auf etwas über 800 000 Mann. Gleichzeitig hat Russland aber massiv in Ausrüstung und Bewaffnung investiert: Die Zahl der Panzer schnellte in drei Jahren von 3310 auf 5626 hoch. Der Bestand an Kampflugzeugen wurde nahezu verdoppelt von 976 (2011) auf 1553 (2014).

Im gleichen Zeitraum erhöhten jedoch auch die »neuen Bundesländer« der NATO ihre Panzerstreitkräfte von 2161 auf 4869 Stück – übrigens ohne dass es in der deutschen Presse groß aufgefallen wäre. Die Zahl der Kampfflugzeuge wurde sogar mehr als verdoppelt: von 238 auf 551.

Auch bei den Atomsprengköpfen liegt Russland vor dem Westen: Nach Angaben von SIPRI aus dem Jahr 2014 verfügen Russland über 8500, die USA über 7700, Frankreich über 300 und Großbritannien über 225 Nuklearwaffen.

Vergleichen wir diese Zahlenangaben mit den Zahlenspielen des russischen Verteidigungsministeriums, die ich im vorigen Abschnitt dargestellt habe, dann wird deutlich, dass Militärstatistiken ein einziges Tarnen und Täuschen sind. Welches Militär der Welt nennt schon die wirklich echten Zahlen? Ich denke, der Militärhaushalt eines Landes zeigt einen gewissen Trend, wenngleich auch hier Ausgaben leicht in anderen Ressorts versteckt werden können. Von den Analytikern wird dennoch eines nicht bestritten: Russland und China rüsten auf. Wenn wir uns an die Zahlen von SIPRI erinnern, dann ist diese Aufrüstung wohl eher ein langsames Aufholen. Denn ihr gemeinsamer Militäretat liegt mit 276 Milliarden Dollar für 2013 etwas über dem der europäischen NATO-Staaten und ist weitaus weniger als die Hälfte dessen, was die Vereinigten Staaten für ihre Truppen ausgeben – und da sind die USA-Verbündeten wie Japan, Südkorea oder die Golfstaaten noch gar nicht berücksichtigt.

Russische Tests und Provokationen

Unter der Überschrift »Russische Kriegsmarine blamiert Großbritannien« machte die österreichische Tageszeitung *Die*

Presse am 10. Januar 2014 auf die Aktivitäten Russlands im Norden Europas aufmerksam. Ich gebe den aufschlussreichen Bericht hier verkürzt wieder. Demnach seien russische Kriegsschiffe kurz vor Weihnachten 2013 überraschend in den Moray Firth eingedrungen, den charakteristischen großen Meeresarm im Norden Schottlands. Da aber weit und breit kein britisches Kriegs- oder Küstenwachschiff bereitlag, um sie zu stellen, wurde ein Zerstörer der *Royal Navy* angefordert. Der aber lag im Kriegshafen von Portsmouth in Südengland und musste rund 1100 Kilometer bis zu seinem Einsatzort zurücklegen. Samt Alarmierung und Vorbereitung zum Auslaufen soll er dafür mehr als 24 Stunden gebraucht haben.

Das oder die russischen Schiffe kamen der Küste demnach auf weniger als 55 Kilometer nahe – das ist zwar deutlich außerhalb der britischen Territorialgewässer, aber jedenfalls klar innerhalb der Ausschließlichen Wirtschaftszone des Königreichs und so nahe, dass sich Militärs, Küstenwächter und Geheimdienste auch anderswo in der Regel Sorgen machen würden. Aus Militärquellen hieß es, dass die Russen sicher mit Absicht gehandelt hätten und wohl zu dem Zweck, die britische Reaktion – vor allem die Reaktionszeit – zu testen.

Schon im Dezember 2011 hatte es im Moray Firth einen ähnlichen Vorfall gegeben: Damals waren drei russische Kriegsschiffe in das Gewässer gefahren und ebenfalls von einem Typ-45-Zerstörer gestellt worden, der in Portsmouth abgelegt hatte. Als Erklärung hieß es seitens der Russen, man habe sich vor besonders schlechtem Wetter in geschütztere Gewässer geflüchtet.

Im globalen Flottenvergleich liegen die USA mit ihren etwa 214 Großschiffen (davon zehn große Flugzeugträger) uneinholbar an der Spitze. Russland hat zwar immerhin auch noch etwa 146 große Einheiten (davon ein Träger), wovon man allerdings durchaus 74 Korvetten abziehen kann – das sind eher kleine Schiffe für Küstenverteidigung und kürzere Einsatzdistanzen, die man nicht unbedingt als Großkampfschiffe zählen muss. Russland baut seine Flotte kräftig aus, unter anderem mit vorerst vier Hubschrauberträgern/amphibischen Angriffsschiffen des französischen Typs *Mistral* – deren Lieferung durch die Ukraine-Krise allerdings infrage gestellt ist – und vielen neuen Fregatten und U-Booten.

Als Verbündete der USA besitzen nur noch Großbritannien und Frankreich eine nennenswerte Marine. Die *Royal Navy* verfügt an größeren Schiffen über 19 Fregatten und Zerstörer, vier amphibische Angriffsschiffe beziehungsweise Träger (ohne Flugzeuge) und elf U-Boote (davon vier strategische mit Atomwaffen), also gesamt 34 Einheiten. Seit 2011 sind die großen *Nimrod*-Seeüberwachungsflugzeuge ausgemustert, sodass Britanniens Marine aus der Luft und über große Distanz ziemlich blind ist.

Wie ich schon weiter oben feststellte, verschärft sich der Ton seit der Ukraine-Krise zwischen Russland und den USA, aber auch die geostrategischen Provokationen nehmen zu. Die österreichische Tageszeitung *Die Presse* meldete, dass in der Nacht vom 28. auf 29. März 2013 zwei strategische *Tu-22-Backfire*-Bomber in Begleitung von vier *Su-27-Flanker*-Jagdbombern einen Angriff auf Stockholm und Ziele in Südschweden simuliert hatten – allerdings war Schwedens Luftwaffe aus nie wirklich dargelegten Gründen überrumpelt und brachte keinen einzigen Jäger hoch. Stattdessen starteten zwei dänische *F-16*-Jets, die als Teil einer permanenten NATO-»Luftpolizei« für das Baltikum in Litauen stationiert waren, schlossen in die Nähe der Russen auf und beschatteten diese auf ihrem Rückflug.

Eine weitere russische Stichelei ereignete sich Anfang Mai

2014 auf einem ganz anderen Schauplatz. Strategische Langstreckenbomber Russlands tauchten über dem Pazifik auf. Nach Angaben der amerikanischen Streitkräfte ist dies seit dem Kalten Krieg das erste Mal gewesen, dass russische Kampfflugzeuge dem amerikanischen Luftraum so nahe gekommen sind. Nuklear bewaffnete russische Bomber wurden seit Ausbruch der Ukraine-Krise überall in der Welt gesichtet, darunter auch über Guam, wo sich der strategisch wichtige US-Luftwaffenstützpunkt Andersen befindet, sowie in Japan, Südkorea und Europa.

Der amerikanische Luftwaffenchef im Pazifik, General Herbert Carlisle, sprach von einem deutlichen Anstieg der Aktivitäten russischer strategischer Langstreckenflugzeuge, die Anfang Mai 2014 sogar die kalifornische Küste entlangflogen. Es gab keine Äußerung dazu, ob die Flugzeuge nuklear bewaffnet waren, aber in der Zeit nach Ende des Kalten Krieges Anfang der 1990er-Jahre waren keine russischen Patrouillenflüge über dem Meer entlang der US-Westküste und über Kalifornien gesichtet worden.

Am 23. Mai 2013 kündigte Verteidigungsminister Sergej Schoigu eine Verstärkung der russischen Militärstützpunkte im Ausland an. Russland habe bereits seinen Luftwaffenstützpunkt Kant in Kirgistan und die 201. Basis in Tadschikistan verstärkt. Darüber hinaus wirke Russland bei der Stärkung der Streitkräfte der Organisation des Vertrags über kollektive Sicherheit (OVKS) und der Schanghaier Organisation für Zusammenarbeit (SOZ) mit.

Auf einer Sicherheitskonferenz in Moskau sagte der Minister weiter, Russland werde neue Militärstützpunkte im Ausland errichten und führe mit mehreren Staaten diesbezüglich Gespräche. Verhandelt werde mit Vietnam, Kuba, Venezuela, Nicaragua, aber auch mit den Seychellen, Singapur und anderen Staaten. Die Partner stünden bereits kurz vor Vertragsabschlüssen. Es werde sowohl über die Errichtung von Basen als auch darüber verhandelt, dass diese Staaten russische Kriegsschiffe und Kampfflugzeuge zum Nachtanken aufnehmen. »Wir fliegen viel und brauchen Tankbasen«, erklärte der Minister. »Unsere Tankflugzeuge *Il-78* müssen am Äquator und in anderen Regionen parat stehen.« Derzeit ist die Versorgungsbasis der Marine im syrischen Tartus der einzige Stützpunkt des russischen Militärs außerhalb des Territoriums der ehemaligen Sowjetunion.

Strategisches Ziel Arktis

Die Rivalität um die Arktis, wo laut Expertenschätzungen mehr als ein Viertel der weltweiten Öl- und Gasreserven liegt, hat sich in den vergangenen Jahren deutlich verschärft. Um die reich gefüllte Naturschatzkammer buhlen Russland, die USA, Kanada, Großbritannien und andere Anrainerstaaten. Weil die Scheinwerfer der Medien auf die eurasischen Konfliktzonen zeigen, ist der Nordpol als Spannungsgebiet unterbelichtet geblieben. Aber in diesen eisigen Regionen wird mächtig aufgerüstet.

Russland stellt laut Verteidigungsminister Sergej Schoigu im Jahr 2014 eine neue Truppengruppe auf, die die Interessen der Nation in der Arktis schützen soll. Der Verband werde für die militärische Sicherheit in der Region sorgen, um die nationalen Interessen Russlands zu verteidigen, sagte Schoigu Anfang 2014.

Kurz davor hatte Präsident Wladimir Putin das Verteidigungsministerium beauftragt, den Aufbau der militärischen Infrastruktur und die Aufstellung der Truppen in der Arktis 2014 abzuschließen. »Russland erschließt immer intensiver diese aussichtsreiche Region, fasst dort wieder Fuß und muss dort alle Hebel haben, um seine Sicherheit und seine nationalen Interessen zu schützen«, sagte Putin auf einem Kollegium des Verteidigungsministeriums.

Die russische Kriegsmarine hatte im September 2013 nach mehr als 20 Jahren Pause die Patrouillen in der Arktis wiederaufgenommen. Wie es damals aus Moskau hieß, sei die Wiederaufnahme der militärischen Präsenz die erste Etappe bei der von Präsident Wladimir Putin angeordneten Entwicklung der Nordostpassage und der anliegenden arktischen Gebiete.

Im Oktober 2013 nahm der vernachlässigte Flugplatz Temp auf den Neusibirischen Inseln den Betrieb wieder auf. Laut Verteidigungsminister Schoigu sollen sieben weitere nördliche Flugplätze wiederaufgebaut werden. Zudem will Russland auf wichtigen Transportwegen eisgängige Patrouillenschiffe einsetzen und seine arktischen Gebiete mit Frühwarnradaren schützen.

Präsident Wladimir Putin kündigte während der Arktiskonferenz in der nordwestsibirischen Stadt Salechard am 24. September 2013 an, dass die arktischen Sonderschutzgebiete mit ihren vielen Bodenschätzen massiv ausgeweitet würden. Im Norden werden bereits Gas, Nickel und Kobalt gefördert. Russlands Norden mit seinen Vorkommen sichert zwölf bis 15 Prozent des BIP und rund 25 Prozent des russischen Exports.

»Wir müssen den regelmäßigen Flugverkehr und die Infrastruktur im Polarkreis wieder völlig herstellen«, so der stellvertretende Verteidigungsminister Arkadi Bachin.

Laut Quellen aus dem Verteidigungsministerium werden deshalb weitere Militäreinrichtungen modernisiert. Im Sommer 2013 wurde auf der Inselgruppe Nowaja Semlja die Start- und Landepiste des Flugplatzes Rogatschjowo (Amderma-2) erneuert. In den kommenden Jahren soll der nördlichste Flugplatz der Welt auf der Insel Graham Bell (Franz-Josef-Land) wieder in Betrieb genommen wird. In der Sowjetzeit wurde der Flugplatz von Langstreckenbombern genutzt. Ende der 1980er-Jahre fanden hier Übungen mit *MiG-31*-Kampfjets statt.

Am 15. Oktober 2013 meldete die russische Nachrichtenagentur *RIA Novosti*: Spezialeinheiten der russischen Armee haben erstmals eine neue Taktik für Kämpfe in der Arktis erprobt. Wie Oleg Kotschetkow, Sprecher des russischen Militärbezirks West, zu der russischen Nachrichtenagentur sagte, haben die Aufklärungstrupps der Spezialeinheiten auf der Halbinsel Kola im hohen Norden Russlands ein Experiment gestartet: Das neuartige Programm simuliert Kampfhandlungen im bergigen Polargebiet.

»Kampftrainings mit Elementen der Bergsteigerei unter Bedingungen des extremen Nordens sind eine neue Erfahrung für die Aufklärungseinheiten, die normalerweise in den Bergen Südrusslands trainieren«, so Kotschetkow. Laut dem Militär beinhaltet die Ausbildung praktische Überlebenstechniken wie das Auffinden von Trinkwasser und Essen, das Aufschlagen von Lagern und das unbemerkte Durchqueren von bewohnten Gebieten.

Russland hat sich zum Ziel gesetzt, bis zum Jahr 2020 eine kombinierte Armeegruppierung in der Arktisregion einzurichten, die Einheiten von Militär sowie Zoll- und Küstendienst umfassen soll. Die »Arktisarmee« dient dem Schutz der politischen und wirtschaftlichen Interessen Russlands in der Region und der militärischen Sicherheit des Landes, hieß es offiziell.

Interessant in diesem Zusammenhang war eine Meldung der russischen Nachrichtenagentur *RIA Novosti* vom 7. Mai 2014, in der es hieß: Das Pentagon hat laut US-Verteidigungsminister Chuck Hagel die Absicht, in der Arktisregion, wo es ein Potenzial für Konflikte gibt, Fuß zu fassen. »Das Schmelzen gigantischer Eismassive bietet Möglichkeiten für die Eröffnung neuer Seewege und die Erkundung von Naturressourcen, für die Energiewirtschaft und den Handel mit einem gefährlichen Potenzial für einen Konflikt in der Arktis«, sagte Hagel in Chicago im *Council on Global Affairs*, wie *RIA Novosti* berichtete. »Das Verteidigungsministerium festigt seine Präsenz in der Region und prüft die Frage, welche Möglichkeiten wir für Handlungen in dieser Region in der Zukunft brauchen«, so der Pentagon-Chef.

4. Die Konfliktherde

4.1 Erst die Ukraine und das Schwarze Meer, dann der Kaukasus

Sehen wir uns die gegenwärtigen Konfliktzonen an, dann müssen wir die geostrategische Ausgangslage rekapitulieren, die ich im ersten Kapitel umrissen habe. Sie erinnern sich, dass die russischen Denker und Politiker den Zusammenbruch der Sowjetunion, die Schrumpfung des ehemaligen Staatsgebiets und das Vordringen der NATO nach Osteuropa als nationale Schmach empfinden.

Wir müssen ferner berücksichtigen, dass der Kampf um Eurasien bereits begonnen hat und durch Aufrüstung und gegenseitige Sticheleien längst in eine kritische, heiße Phase getreten ist, wie ich im dritten Kapitel gezeigt habe.

In diesem Kapitel geht es darum, die einzelnen Brennpunkte genauer zu beleuchten.

Konfliktherd Ukraine

Sehen wir uns zunächst das Krisengebiet Ukraine an und lassen noch einmal den bereits ausführlich besprochenen außenpolitischen Berater des Präsidenten Obama, Zbigniew Brzezinski, zu Wort kommen.

Im vierten Kapitel seines Buches *Die einzige Weltmacht* schreibt er: »Am beunruhigendsten war der Verlust der Ukraine. Das Auftreten eines unabhängigen ukrainischen Staates [nach dem Kollaps der Sowjetunion 1991, Anm. d. Verf.] zwang nicht nur alle Russen, das Wesen ihrer eigenen politischen und ethnischen Identität neu zu überdenken, sondern stellte auch für den russischen Staat ein schwerwiegendes geopolitische Hindernis dar.« Der Verlust »einer potenziell reichen industriellen und agrarischen Wirtschaft« sowie von damals 52 Millionen Menschen beraube Russland der Möglichkeit, ein wirklich großer und selbstsicherer imperialer Staat zu sein, so Brzezinski weiter.

»Die Unabhängigkeit der Ukraine beraubte Russland zudem seiner beherrschenden Position am Schwarzen Meer … Selbst ohne die baltischen Staaten und Polen könnte ein Russland, das die Kontrolle über die Ukraine behielte, noch immer die Führung eines selbstbewussten eurasischen Reiches anstreben, in dem Moskau die nicht-slawischen Völker im Süden und Südosten der ehemaligen Sowjetunion dominieren könnte. Aber ohne die Ukraine mit ihren 52 Millionen slawischen Brüdern und Schwestern droht jeder Versuch Moskaus, das eurasische Reich wiederaufzubauen, Russland in langwierige Konflikte mit den national und religiös motivierten Nichtslawen zu verwickeln.«

Seit der Unabhängigkeit der Ukraine 1991 bemühen sich sowohl der Westen, also EU und NATO, als auch Russland, diesen »geostrategischen Dreh- und Angelpunkt« (Brzezinski) auf ihre Seite zu ziehen.

Anfang 2014 nahm diese Auseinandersetzung kriegerische Formen an. Mit Unterstützung der USA gelang es verschiedenen Protestgruppen, den frei gewählten, russlandnahen

Präsidenten Viktor Janukowitsch zu stürzen. Aber Moskau war alarmiert und holte auf der Krim zum Gegenschlag aus. In einer Volksabstimmung sprach sich die Mehrheit der Krim-Bewohner für eine Abspaltung von der Ukraine aus. Am 18. März 2014 unterschrieben die Russische Föderation und die Republik Krim einen Vertrag über die Eingliederung der Republik Krim in die Russische Föderation.

Eine interessante Information zu dieser Krim-Angliederung lieferte die *New York Times* am 21. Mai 2014. In einem Bericht hieß es, Russland habe sich nicht nur die Landmasse der Halbinsel, sondern auch Hoheitsgewässer, die flächenmäßig dreimal so groß wie die Krim selbst sind, und damit die Förderrechte für dort befindliche Rohstoffvorkommen im Wert vieler Milliarden Euro einverleibt.

»Russland bezeichnete die Übernahme der Krim als Eingliederung rechtmäßig zu Russland gehörenden Territoriums und ging mit keinem Wort auf den Streit um die Erdöl- und Erdgasvorkommen ein, der in der Schwarzmeerregion immer mehr für Spannung sorgte«, so die *New York Times* weiter. »Aber die Aufnahme der Krim in die Russische Föderation weitete zugleich die Hoheitsgewässer Russlands aus, verschaffte Russland Zugriff auf umfangreiche Erdöl- und Erdgasvorkommen und beerdigte zugleich die Hoffnung der Ukraine auf Unabhängigkeit in der Energieversorgung.«

Russland berief sich dabei auf das Seerechtsübereinkommen der Vereinten Nationen, das Ländern die Souveränität über eine von ihren Küsten ausgehende, bis zu 230 Meilen umfassende Ausschließliche Wirtschaftszone einräumt. Noch vor zwei Jahren hatte Russland erfolglos versucht, sich über einen Vertrag mit der Ukraine Zugang zu den Energieressourcen in dieser Meeresregion zu verschaffen.

Der nächste Schritt erfolgte Anfang Mai: Nach einem umstrittenen Referendum im Osten der Ukraine spalteten sich die abtrünnigen Regionen Donezk – dort werden übrigens größere Schiefergasvorkommen vermutet – und Luhansk von Kiew ab. Die selbst ernannte »Volksrepublik Donezk« bat zudem die Regierung in Moskau um Anschluss an Russland.

Die NATO ging in einer streng geheimen Analyse davon aus, dass Russlands Präsident Wladimir Putin die vollständige Übernahme der Ukraine mit militärischen Mittel plante. Das berichtete die *Bild*-Zeitung am 11. April 2014 unter Berufung auf hohe NATO-Kreise.

Die Analyse kam demnach zu dem Schluss: »Putin will die komplette Ukraine besetzen.« Die NATO-Analysten stützten sich bei ihrer Prognose unter anderem auf Erkenntnisse über Truppenstärke und Truppenbewegungen der russischen Armee. Moskau habe bereits 25 000 russische Soldaten an der Grenze zur Ostukraine stationiert, darunter Spezialeinheiten wie Luftlandetruppen, Sturmpioniere und Spezialisten für den Häuserkampf, hieß es. Weitere 25 000 russische Soldaten sollten der NATO-Analyse zufolge auf Stützpunkten bei Belgorod nahe der südrussischen Grenze zur Ukraine stationiert worden sein.

Die Ukraine habe aufgrund des massiven russischen Truppenaufmarschs den Osten des Landes faktisch bereits abgeschrieben, erklärten NATO-Kreise nach Informationen der Zeitung weiter. Demnach sollten derzeit nur noch bis zu 2000 ukrainische Soldaten in der gesamten Region stationiert sein. Der Rest wurde offenbar zum Schutz des Kernlandes abgezogen.

Als Reaktion auf die wirklichen oder vermeintlichen russischen Truppenbewegungen hatte die NATO die Zahl ihrer Kampfflugzeuge im Rahmen der Mission *Air Policing Baltikum* verdreifacht. Sie sollten die Ostgrenze des Militärbündnisses stärken und Kontrollflüge durchführen. Doch nach *Bild*-Informationen aus hochrangigen NATO-Kreisen hatte Russland auf diesen Schritt nun ebenfalls militärisch reagiert.

So seien zwölf mobile Boden-Luft-Raketenabwehrsysteme des Typs *S-400 Triumf* (NATO-Codename: *SA-21 Growler*) in der Ostsee-Enklave Kaliningrad stationiert worden. Die Abwehrraketen weisen je nach Ausstattung eine Reichweite von bis zu 400 Kilometern auf und können sowohl gegen Flugzeuge als auch gegen Raketen eingesetzt werden.

Aus NATO-Kreisen hieß es zu *Bild*: »Putin wird seine Pläne für die Ukraine mit harter Hand umsetzen. Die Sanktionen des Westens werden ihn nicht stoppen. Die hat er von Anfang an einkalkuliert.« Experten gingen davon aus, dass die NATO für die Ukraine im Zweifel nicht in den Krieg ziehen werde.

Der russische Außenminister Sergej Lawrow hatte hingegen Vorwürfe des Westens zurückgewiesen, die Regierung in Moskau wolle nach der Halbinsel Krim weitere Landesteile der Ukraine eingliedern. »Wir können einen solchen Wunsch nicht haben«, sagte Lawrow der Agentur *RIA Novosti*. Ein solcher Schritt sei nicht im Interesse seines Landes. Russland wolle, dass die Ukraine innerhalb ihrer Grenzen als Ganzes erhalten bleibe. Die Regierung in Kiew müsse aber die Regionen respektieren.

Krieg um Öl, Gas und Pipelines

Das Jahr 2014 scheint der Zeitpunkt zu sein, an dem keine der Konfliktparteien mehr nachgeben oder zurückweichen will. Die USA jedenfalls rechnen damit, die Ukraine endgültig dem Westen einzugliedern. Am 14. Mai 2014 meldete *Kopp*

Online, dass Hunter Biden, der Sohn des amerikanischen Vizepräsidenten Joe Biden, an die Spitze der Rechtsabteilung und damit in den Vorstand von *Burisma Holdings,* dem größten Erdgasproduzenten der Ukraine, berufen wurde.

Hunter Biden ist ein sehr gut vernetzter Rechtsanwalt mit Verbindungen zur Finanzindustrie und zur Regierung. *Burisma Holdings* gehört zu den wichtigen Akteuren der ukrainischen Erdgas- und Erdölindustrie. Das Unternehmen hält Förderlizenzen in der Region Dnjepr-Donezk, in den Karpaten und im Asow-Kuban-Becken und verfügt über bemerkenswerte Reserven und Förderkapazitäten.

Auf der Internetseite des Unternehmens schreibt Biden: »*Burisma* kann auf zahlreiche Innovationen und eine führende Position im Bereich der Erdgasindustrie verweisen. Damit ist das Unternehmen in der Lage, zu einem starken Motor einer starken Volkswirtschaft in der Ukraine zu werden. Als neues Mitglied des Vorstandes bin ich überzeugt, dass meine Unterstützung und Beratung des Unternehmens in Fragen … der Ausweitung der Geschäftstätigkeit auf internationaler Ebene … einen Beitrag für die Wirtschaft leisten und das Wohl des ukrainischen Volkes fördern können.«

Große internationale Konzerne melden bereits wirtschaftliche Interessen an der Ukraine an. Zusätzlich zum amerikanischen Landwirtschaftskonzern *Cargill,* der bereits Anteile an *UkrLandFarming*, dem weltweit achtgrößten landwirtschaftlichen Erzeuger und zweitgrößten Eierproduzenten, erworben hat, drückte auch *Monsanto* »seine Unterstützung für die Ukraine« aus und betonte, wie wichtig es sei, »eine Atmosphäre zu schaffen, die Innovationen ermutigt und die anhaltende Entwicklung der Landwirtschaft fördert«.

Am 21. April 2014 berichtete die *Washington Times*:

»Unter Zusicherung seiner Anonymität erklärte ein US-Regierungsvertreter, die Beratergruppe in Energiefragen [die sich zu dieser Zeit in der Ukraine aufhielt, Anm. d. Verf.] werde von hier in die Slowakei und nach Ungarn reisen, um Möglichkeiten zu erörtern, die Strömungsrichtung einiger ukrainischer Pipelines, die gegenwärtig Europa versorgen, umzukehren. Auf lange Sicht gesehen, so der Regierungsvertreter weiter, werde die amerikanische Regierung mit der Ukraine zusammenarbeiten, um die einheimische Erdgasproduktion zu erhöhen.«

Dass der Kampf zwischen den USA und Russland bereits auf dem Energiesektor tobt, wird deutlich, wenn wir uns einen Beitrag der *New York Times* ansehen, den der staatliche russische Rundfunksender *Stimme Russlands* am 15. Mai 2014 zitierte. Thomas Friedman, US-Journalist und dreifacher Pulitzer-Preisträger, schrieb in diesem Artikel: »Ich will keinen Krieg gegen Putin beginnen, doch es ist höchste Zeit, seine Schwäche und unsere Stärke zu zeigen. Das bedarf einer langfristigen Strategie. Angreifen soll man zwei Säulen seines Regimes, nämlich Erdöl und Erdgas.«

Eine solche Stimmung sei laut Igor Pankratenko, Experte des Journalismus- und Forschungszentrums der Nachrichtenagentur *Rossiya Segodnya*, weit verbreitet in der politischen Elite der Vereinigten Staaten von Amerika. Washington strebe eine Isolierung Russlands von den europäischen Energiemärkten an, was seinem Konzept einer monopolaren Weltordnung völlig entspreche. Pankratenko sagte gegenüber *Stimme Russlands*:

»Die Endziele der neuen Runde des Energiekrieges sind es, die Abhängigkeit des Westens von den russischen Energieträgern zu minimieren. Langfristig bedeutet das ernsthafte Hindernisse für die russische Wirtschaft, weil die Ausfuhrerlöse wesentlich zurückgehen werden. In diesem Krieg gibt es nach der Meinung unserer Experten zwei Richtungen. Erstens sind das direkte unfreundliche Bemühungen mit dem

Ziel, die Liefermengen der russischen Energieträger nach Europa zu senken. Dazu gehören auch politische Schritte, die die Rentabilität der russischen Energieträger ebenso nach unten treiben sollen. Zweitens ist es eine Strategie von indirekten Handlungen, die den Anteil des Schiefergases und des Gases vom arktischen Festlandsockel im europäischen Verbrauch steigern sollen.«

Die USA und die EU erwägen zurzeit mehrere Alternativen zum russischen Gas, so der Radiosender weiter. Darunter sind mögliche Lieferungen aus Katar, Aserbaidschan, Nigeria, Algerien, Libyen und dem nördlichen Irak. All diese riskanten und kostspieligen Projekte können kaum Russland mit seinem 30-prozentigen Anteil vom europäischen Markt verdrängen. Jedoch können sie für Preissenkungen sorgen, was sich auf die russische Wirtschaft negativ auswirken könnte. Ein Preisrückgang um einen Dollar bedeutet für Russland einen entgangenen Gewinn von 1,6 bis 1,8 Milliarden Dollar pro Jahr.

Witalij Buschuew, Direktor des Instituts für Energiestrategie, kommentierte:

»Die Handlungen der USA sind nicht gegen Russland, sondern gegen Europa gerichtet. Denn Europa wird gezwungen sein, für alternative und riskantere Energieträgerlieferungen mehr auszugeben.«

Aufmarsch an den Grenzen

Am 1. Mai 2014 erklärte der frühere Botschafter Washingtons in Russland und jetzige NATO-Vizegeneralsekretär, Alexander Vershbow, Russland werde nicht länger als Partner, sondern als Gegner gesehen. Gegenüber Journalisten sagte er, die NATO habe es aufgegeben, »Moskau stärker zu integrieren«, und werde stattdessen nun eine größere Zahl von Kampftruppen in Osteuropa stationieren.

NATO-Generalsekretär Anders Fogh Rasmussen vertrat in einem Interview für die *Frankfurter Allgemeine Zeitung* die gleiche Auffassung wie Vershbow, indem er sagte, dass »Russland sich heute eher als Gegner und nicht als Partner benimmt«.

Am 7. Mai 2014 sagte der Oberste NATO-Befehlshaber Europa, US-General Philip Breedlove, auf einer Pressekonferenz im kanadischen Ottawa *Reuters* zufolge: »Ich glaube, dass die ständige Truppenstationierung in Osteuropa das ist, worüber wir nachdenken müssen. Wir werden das den Spitzenvertretern unserer Länder zur Erörterung vorlegen, um zu sehen, wozu das führen wird.«

Ein beispielloses Anwachsen der Aktivität der Streitkräfte der USA und der NATO in Osteuropa an den russischen Grenzen will der russische Verteidigungsminister Sergej Schoigu beobachtet haben, meldete *RIA Novosti* am selben Tag. Der Generalstabschef der russischen Streitkräfte, Valeri Gerassimow, machte den Generalstabschef der US-Streitkräfte, Martin Dempsey, auf die Aufstockung der Fliegerkräfte und der Armeeangehörigen der USA in den baltischen Staaten und in Polen sowie der Schiffe der Allianz im Schwarzen Meer aufmerksam.

Schon einige Tage davor, nämlich am 17. April 2014, schrieb die britische Tageszeitung *Guardian*: »Die Verstärkung der NATO-Präsenz an ihrer Ostflanke wird zunächst die Form vermehrter Patrouillenflüge im Luftraum über den baltischen Staaten, einer Erhöhung der Zahl der Kriegsschiffe sowohl in der Ostsee als auch im östlichen Mittelmeer und der Stationierung weiterer Bodentruppen in Osteuropa annehmen. Ein NATO-Vertreter erklärte dazu, Einzelheiten in Bezug auf die Marinepräsenz würden noch diskutiert.

Der NATO-Kommandeur in Europa (SACEUR), Luftwaffengeneral Philip Breedlove, sagte, einige NATO-Mitgliedsstaaten hätten Bodentruppen für die Stationierung in osteuropäischen Mitgliedsstaaten angeboten, und er werde schon bald Empfehlungen aussprechen, wo und wie diese zusätzlichen Soldaten stationiert werden sollten. Weiter sagte er, die derzeitige Lage der NATO gehe über eine Krise hinaus: ›Für die NATO ist es mehr als eine Krise. Es handelt sich um einen Paradigmenwechsel.‹«

Laut dem Artikel des *Guardian* werde Russland diese Maßnahmen der westlichen Staaten fraglos als feindselig einstufen. Breedlove habe versucht, »den russischen Generalstabschef Waleri Gerassimow anzurufen und zu erläutern, dass diese Maßnahmen rein defensiver Natur seien«. Leider habe er ihn telefonisch nicht erreicht.

Zwei Tage zuvor erklärte die niederländische Verteidigungsministerin Jeanine Antoinette Hennis-Plasschaert in einer Fernseh-Talkshow, ein militärisches Vorgehen der NATO gegen Russland stehe in keiner Weise zur Debatte, »aber wir wollen unsere Unterstützung für unsere westlichen Verbündeten sehr sichtbar machen«. Die Verteidigungsministerin fügte noch hinzu: »Wir denken noch darüber nach, wie wir unsere Luftunterstützung oder Marineunterstützung etwa in der Ostsee oder in der Schwarzmeerregion ausweiten können. Wir sind alle aus gutem Grund Mitglieder eines Bündnisses, und wir werden unsere Verantwortung tragen.«

Russlands deutliche Antwort kam am 23. Mai 2014. Generalstabchef Valeri Gerassimow kündigte an, Russland werde Gegenmaßnahmen auf die Verstärkung der NATO-Streitkräfte in der Nähe der russischen Grenzen ergreifen. Wie die Nachrichtenagentur *RIA Novosti* meldete, habe Russlands oberster General eine »Zuspitzung der militärpolitischen Situation in Europa« festgestellt. Einzelne westliche Staaten hätten die antirussische militärische Rhetorik verhärtet.

»Aufgestockt werden die Gruppierungen der vereinten NATO-Streitkräfte im Baltikum, in Polen und Rumänien sowie die militärische Präsenz des Blocks in der Ostsee, im Schwarzen Meer und im Mittelmeer. Die operative und Gefechtsausbildung der Allianztruppen in der Nähe der russischen Grenzen wird immer intensiver. Unter diesen Bedingungen können wir nicht gleichgültig bleiben. Wir müssen Gegenmaßnahmen ergreifen«, sagte Gerassimow während einer internationalen Sicherheitskonferenz in Moskau.

Der russische Verteidigungsminister Sergej Schoigu sprach nach *RIA Novosti* von beispiellosen zunehmenden Aktivitäten der Streitkräfte der USA und der NATO in Osteuropa vor der russischen Grenze.

Die neue Osterweiterung der NATO

Neben der Verlegung von Truppen in die Anrainerstaaten Russlands will die NATO auch weitere Mitglieder in Osteuropa rekrutieren. *Spiegel Online* veröffentlichte am 1. April 2014 ein vertrauliches Papier, in dem von NATO-Armeeübungen mit Staaten wie Moldawien, Aserbaidschan und Armenien berichtet wurde. Der sogenannte Partnerschaftsausschuss habe Ende März 2014 einen Katalog mit »praktischen Maßnahmen zur Förderung der Beziehungen« mit diesen Ländern verabschiedet.

Man müsse Wege ausloten, wie die Partner in der Region besser unterstützt werden könnten, hieß es in dem siebenseitigen vertraulichen Dokument. Das kurzfristige Ziel sei es, so das Papier weiter, »im aktuellen Kontext in Osteuropa Stabilität zu fördern«.

Unter anderem sollten die Länder die Fähigkeit zur Zusammenarbeit ihrer Armeen mit denen der Allianz steigern. Dazu gehörten gemeinsame Übungen und Ausbildungen. Auch sollten die drei osteuropäischen Staaten ermuntert werden, sich an sogenannten Smart-Defence-Projekten der NATO zu beteiligen. Dabei gehe es um die Beschaffung von Rüstungsgütern und die Zusammenlegung und Spezialisierung militärischer Fähigkeiten mit dem Ziel, diese effizienter zu nutzen. Ein Beispiel für erfolgreiche Smart Defence sei die von den NATO-Staaten gemeinsam organisierte Überwachung des baltischen Luftraums.

Für jedes der drei Länder sind individuelle Hilfsmaßnahmen geplant. In Moldawien soll die Sichtbarkeit der NATO verstärkt werden. Auch die Teilnahme der Republik Moldau an der schnellen Eingreiftruppe der Allianz, der sogenannten *NATO Response Force*, steht zur Debatte.

Mit Aserbaidschan ist vor allem eine verstärkte Zusammenarbeit auf dem Gebiet der Cyber- und Energiesicherheit angedacht, in Armenien soll die Ausbildung der Armee im Vordergrund stehen. Gerade Armenien könnte zum Konfliktfall werden: Das Land ist Mitglied der östlichen Verteidigungsgemeinschaft OVKS – darüber später mehr –, und deren Satzung vom 20. Dezember 2011 macht eine Mitgliedschaft in einem anderen Bündnis – wie zum Beispiel der NATO – von der Zustimmung aller anderen Mitglieder der OVKS abhängig.

NATO-Generalsekretär Anders Fogh Rasmussen bezeichnete den bisherigen Beitritt osteuropäischer Staaten vom Baltikum über Polen bis hin zu Rumänien und Bulgarien in der *Welt am Sonntag* vom 30. März 2014 als »eine der großen Erfolgsgeschichten unserer Zeit«. Jeder europäische Staat, der in der Lage sei, die Grundsätze der Allianz zu fördern und zur Sicherheit des Bündnisgebietes beizutragen, »kann sich für eine Mitgliedschaft bewerben«, fügte Rasmussen hinzu.

Vom Balkan bis zum Schwarzen Meer

Betrachten wir die Konfliktzone Ukraine/Osteuropa, dann müssen wir auch die weiter ausgreifende amerikanische Geostrategie in diesem Umfeld beleuchten. Bernhard Rode hat in seinem richtungsweisenden Buch *Das Eurasische Schachbrett*, das ich bereits weiter oben erwähnte, auf ein strategisches Gesamtkonzept der Regierung Clinton namens »Korridor VIII« hingewiesen.

Der VIII. Korridor, erfahren wir bei Rode, sei eine einheitliche geopolitische Linie, deren Ausgangspunkt der Balkan ist und die ihr Ende in der Region des Kaspischen Meeres findet, in der vermutlich die weltgrößten ungeförderten Erdölmengen liegen. »Den USA«, schreibt Rode, »geht es dabei um die Kontrolle einer künftigen transeuropäischen Ölleitung, die vom Schwarzen Meer zur Adria führen soll. Der Balkan – insbesondere Serbien, das Kosovo, Albanien und Mazedonien – stellt in dieser Planung eine der Drehscheiben dar … Ziel ist daher also die Sicherung einer US-Einflusssphäre von Südosteuropa bis nach Zentralasien; es geht um den strategischen Transport-, Kommunikations- und Ölpipeline-Korridor Bulgarien–Mazedonien–Albanien vom Schwarzen Meer zur Adria.«

Später wird das Clinton-Papier noch genauer, indem es die Linie exakt beschreibt: »vom bulgarischen Schwarzmeerhafen Burgas über Skopije in Mazedonien nach Durres und Flore an der Adriaküste in Albanien«. Das frühere Jugoslawien ist also der Brückenkopf zur eurasischen Landmasse.

Seine Transportinfrastruktur ist von größter Bedeutung, denn sie »kontrolliert nicht nur den Balkan, sondern alle Korridore (Bahn, Straße, Fluss und Luft) von Europa zum Nahen und Mittleren Osten«.

Vor diesem Hintergrund überrascht es nicht, dass Clintons Energieminister Bill Richardson wenige Monate vor dem NATO-Angriff auf Jugoslawien im März 1999 sagte: »Es geht um Amerikas sichere Energieversorgung … Wir haben in der kaspischen Region erheblich politisch investiert, und es ist sehr wichtig für uns, dass die Karte der Pipelines und die Politik gleichermaßen stimmen.« Das militärische Eingreifen der NATO geschah dann ohne Mandat der UNO. Aber das ist in der Planung des Militärbündnisses auch nicht mehr nötig. Die spanische Zeitung *El Mundo* veröffentlichte am 25. April 1999 Teile des »Neuen Strategischen Konzeptes« der NATO und gelangte zu dem Schluss, das neue Konzept bedeute, dass sich ein Militäreinsatz wie im Kosovo »künftig auch im Kaukasus, am Kaspischen Meer und sogar in den ehemaligen sowjetischen Republiken bis an die Grenze von China wiederholen kann«.

Interessant ist, dass durch die NATO-Bombardements im Jahr 1999 die wichtigen Transportkorridore von Südost- nach Nordeuropa – wie zum Beispiel die Donau – unterbrochen, wenn nicht gar zerstört wurden. Funktionstüchtig blieb der VIII. Korridor. »Washingtons Plan ist es, den gesamten achten Korridor für die amerikanischen multinationalen Firmen zu öffnen, das heißt den amerikanischen Multis den ökonomischen Hinterhof Deutschlands … zugänglich zu machen«, schrieb Matthias George in *Zeit-Fragen*, Nr. 32, vom 13. August 2001.

Fernziel bei all diesen Plänen sei es, wie es Bruce Jackson, Mitglied des bereits erwähnten *Project for the New American Century* und wichtiger Berater der Regierung George W. Bush, ausdrückte, das Schwarze Meer in eine transatlantische Region umzuwandeln.

Das derzeit gültige Strategische Konzept der NATO, das am 19. und 20. November 2010 in Lissabon der Öffentlichkeit vorgestellt wurde, löst das alte Konzept von 1999 ab. Plötzlich stehen nicht mehr die »Out-of-Area«-Einsätze im Mittelpunkt der NATO-Strategen, sondern überraschender- und, wie wir heute erkennen, vorausschauenderweise die Landesverteidigung. Die Lissaboner Erklärung betont ausdrücklich: »Das Bündnis sieht den Inhalt des Artikels 5 zur Landesverteidigung (Bündnisfall) immer noch als seine Hauptaufgabe.«

In diesem fünften Artikel des Nordatlantikvertrages (vom 4. April 1949) heißt es: »Die Parteien vereinbaren, dass ein bewaffneter Angriff gegen eine oder mehrere von ihnen in Europa oder Nordamerika als ein Angriff gegen sie alle angesehen wird; sie vereinbaren daher, dass im Falle eines solchen bewaffneten Angriffs jede von ihnen in Ausübung des in Artikel 51 der Satzung der Vereinten Nationen anerkannten Rechts der individuellen oder kollektiven Selbstverteidigung der Partei oder den Parteien, die angegriffen werden, Beistand leistet, indem jede von ihnen unverzüglich für sich und im Zusammenwirken mit den anderen Parteien die Maßnahmen, einschließlich der Anwendung von Waffengewalt, trifft, die sie für erforderlich erachtet, um die Sicherheit des nordatlantischen Gebiets wiederherzustellen und zu erhalten.«

Wer erobert das kaspische Öl?

Auch zum nächsten Konfliktherd, den zentralasiatischen Staaten, äußert sich Brzezinski in seinem Buch *Die einzige Welt-*

macht ausführlich: »Weiter nach Südosten hin führte die geopolitische Erschütterung [von 1991, Anm. d. Verf.] einen ähnlich bedeutsamen Wandel im Status des Kaspischen Beckens und Zentralasiens herbei. Vor dem Zusammenbruch der Sowjetunion war das Kaspische Meer … ein nahezu rein russisches Gewässer gewesen.« Als Aserbaidschan, Kasachstan und Turkmenistan unabhängig wurden, »konnte Russland nicht mehr selbstverständlich von der alleinigen Verfügungsgewalt über diese Bodenschätze ausgehen«.

»Mit der Unabhängigkeit der zentralasiatischen Staaten«, schreibt Brzezinski weiter, »hatte sich Russlands südöstliche Grenze an einigen Stellen um mehr als tausend Meilen nach Norden verschoben. Die neuen Staaten verfügten über riesige Mineral- und Erdölvorkommen, die ausländische Interessenten anlocken mussten … Da sie von der Türkei, dem Iran, Pakistan und Saudi-Arabien unterstützt wurden, waren die zentralasiatischen Staaten entgegen russischen Hoffnungen nicht geneigt, ihre neue politische Souveränität gegen eine selbst gnädige wirtschaftliche Integration mit Russland zu tauschen … Für die Russen muss das Gespenst eines möglichen Konflikts mit den islamischen Staaten entlang der gesamten Südflanke Russlands (die zusammen mit der Türkei, dem Iran und Pakistan mehr als 300 Millionen Menschen aufbieten) Anlass zu ernster Besorgnis sein.«

Ich beschränke mich hier aus Platzgründen auf die westlich des Kaspischen Meeres liegenden südkaukasischen Staaten, die von beiden Machtblöcken umworben werden. Die östlich des Meeres liegenden zentralasiatischen Staaten Turkmenistan, Usbekistan, Tadschikistan und Kirgisistan (auch: Kirgistan oder Kirgisien) sind ebenfalls im Visier der USA, aber sie sind Mitglieder des von Russland und China geführten Wirtschafts- und Militärbündnisses *Shanghai Cooperation Organization* (SCO), auf das ich noch ausführlich zu sprechen komme. Außerdem unterhält Russland in diesen zentralasiatischen Staaten Militärstützpunkte.

»Der Südkaukasus wird der strategische Kreuzungsweg des 21. Jahrhunderts sein«, heißt es in einer Studie des kanadischen *Centre for Research on Globalization*, die Bernhard Rode in seinem bereits erwähnten Buch *Das eurasische Schachbrett* zitiert. »Er bildet die Drehscheibe und Landbrücke zwischen Westeuropa/der atlantischen Welt und Ostasien, dem eurasischen Kernraum und dem Indischen Ozean, der Levante und Afrika.« Die Staaten des Südkaukasus, vor allem Georgien und Aserbaidschan, sind daher für die beiden geopolitischen Kontrahenten USA und Russland von enormer Bedeutung.

Brzezinskis Sohn Mark, der für eine amerikanische Anwaltskanzlei im Erdöl- und Erdgasgeschäft im Kaspischen Becken tätig ist, schrieb dazu in einem Artikel in der *Washington Post* vom 18. Mai 1999: »Kontrollierte Russland Aserbaidschan, könnte es … die russische Kontrolle der erdölreichen zentralasiatischen Staaten verstärken … und auch die russische Vorherrschaft über andere Kaukasusstaaten, vor allem Armenien und Georgien. Seine Lage macht Aserbaidschan zu einem lebenswichtigen Verkehrskorridor, der den Zugang zum Kaspischen Becken und nach Zentralasien kontrolliert.«

Was für Russland gilt, gilt auch für die USA. Denn von Baku am Kaspischen Meer verläuft – wie ich oben erwähnt habe – eine Pipeline über georgisches Gebiet bis in das türkische Ceyhan und von dort in die westliche Welt. Frank Nienhuysen verwies in der *Süddeutschen Zeitung* vom 27. April 2006 auf einen weiteren Faktor: »Aserbaidschan teilt mit dem Iran eine etwa 600 Kilometer lange Grenze und ist – mit Blick auf den Öl- und Gasreichtum – für Washington somit ein strategischer Brückenkopf in einer höchst unruhigen Region.«

Eine ähnlich entscheidende Bedeutung als Konfrontationslinie zwischen der eurasischen Landmacht Russland und der transatlantischen Seemacht USA hat ein weiteres südkaukasisches Land: Georgien. Der Fünf-Tage-Krieg vom August 2008 war ein erster Hinweis darauf, dass der Kampf um diese Region sehr schnell in Richtung einer militärische Auseinandersetzung eskalieren kann. Damals erzwang der russische Militäreinsatz die Abtrennung von Abchasien und Südossetien von Georgien, aber nicht die Loslösung des Landes von der NATO. Seit der Ukraine-Krise steht sogar der Beitritt Georgiens in das westliche Bündnis wieder auf der Tagesordnung. Ein künftiger amerikanisch-russischer Waffengang kann sich jederzeit an diesem Schauplatz entzünden.

Ein ebenfalls »eingefrorener Konflikt der postsowjetischen Staatenwelt« – so bezeichnen Historiker und Politologen die Krisengebiete Ukraine, Aserbaidschan, Georgien und Moldawien – ist die Republik Moldau (Moldawien). Rode schreibt, Moldawien sei geopolitisch betrachtet der »Durchgangsweg zwischen dem Ausläufer der Karpaten und dem Schwarzen Meer; die strategische Kontrolle der Schwarzmeerregion bedingt die Kontrolle dieser Region, von deren Besitz auch die Fähigkeit abhängt, die Geschicke des Balkans zu bestimmen. Das Vorhaben jeder Seemacht [wie es die USA zweifelsfrei sind, Anm. d. Verf.], den Balkan als Korridor Richtung Schwarzmeerregion und Mittelasien auszubauen, kann nur dann erfolgreich sein, wenn es dieser gelingt, die Dnjestr-Region zu kontrollieren.«

Interessant ist, dass die slawisch besiedelte Dnjestr-Region Transnistrien sich 1992 von Moldawien abspaltete und seither unter russischem Schutz steht. Am 17. April 2014 wandte sich der Oberste Rat von Transnistrien mit der Bitte an den russischen Präsidenten Wladimir Putin, die Unabhängigkeit Transnistriens anzuerkennen und einem Beitritt zu Russland zuzustimmen.

4.2 Der Irak, Syrien und der Iran

Die Strategie der Destabilisierung, die in der osteuropäischen Konfliktzone für neue Einflussbereiche und Machtkonstellationen sorgt, verändert derzeit auch die politische Geografie des Nahmittelostens. Der Irak, Syrien und vermutlich demnächst auch der Iran werden von Bürgerkrieg und Chaos überzogen, aus dem heraus sich eine neue Aufteilung der gesamten Region ergeben wird.

Die Balkanisierung des Nahmittelostens

Mitte Juni 2014 marschierte die Terrorgruppe »Islamischer Staat im Irak und Syrien« (*Isis*) von ihren Stützpunkten in Syrien – mehr über den syrischen Bürgerkrieg auf den nächsten Seiten – auf die irakische Hauptstadt Bagdad und erbeutete modernste, in den USA produzierte Waffen durch den fluchtartigen Rückzug der irakischen Truppen. Mit der Eroberung der irakischen Ölmetropole und zweitgrößten Stadt des Landes, Mossul, fiel ihr auch deren Zentralbank mit etwa 900 Millionen Euro Bargeld in die Hände.

Die westlichen Medien stellten den Vormarsch der *Isis*-Brigaden als völlige Überraschung dar, was allerdings als bloße Propaganda zu werten ist. Denn bereits im März 2014 hatte die libanesische Tageszeitung *Lebanon Daily Start* berichtet, *Isis* ziehe Truppen aus dem Westen Syriens ab und verlege sie an die syrisch-irakische Grenze.

Isis verfügte also schon vor der Einnahme der irakischen Stadt über erhebliche Mengen an Waffen. Der Großteil davon stammte aus den USA und Saudi-Arabien, die Aufständische verschiedenster politischer Coleur im Kampf gegen

Syriens Präsident Baschar al-Assad ausrüsten. Anfang Juni 2014 hatte bereits die führende Sicherheitsberaterin Präsident Obamas, Susan Rice, eingeräumt, die USA versorgten die »gemäßigten« Kräfte mit tödlichen Waffensystemen. Eine dieser »gemäßigten« Kampfgruppen war die *Al-Nusra*-Front, die Anfang 2014 in die *Isis* integriert wurde.

»*Isis* erklärte öffentlich, in welchen Gebieten sie zu operieren gedenke, und übernahm ohne großen Widerstand die Kontrolle über weite Gebiete, wobei der Gruppe hier die Kampfkraft der früheren Kämpfer der *Al-Nusra*-Front zugutekam, die sich *Isis* angeschlossen hatten«, berichtet die auf den Mittleren Osten spezialisierte amerikanische Website *Al Monitor*. »Einigen Schätzungen zufolge sind etwa 65 Prozent der Kämpfer der *Al-Nusra*-Front sehr rasch zur *Isis* übergelaufen.«

Um das brutale Vorgehen von *Isis* zu verstehen, müssen wir uns kurz deren Entstehungsgeschichte ansehen: *Isis* war aus dem irakischen Widerstand der 2003 gegründeten Gruppe »Tawhid und Dschihad« hervorgegangen, die sich gegen die US-Invasion im Irak wandte. Erster Anführer war der für seine Grausamkeit berüchtigte Jordanier Abu Mussab al-Sarkawi. Seit Mai 2010 leitet der Iraker Abu Bakr Al-Bagdadi die *Isis*.

Die Gruppe griff im Irak nicht nur US-Soldaten an, sondern verübte auch Selbstmordanschläge auf Schiiten und Christen im Land. Al-Sarkawi wurde 2006 von der US-Armee getötet. Seither führen Iraker die Organisation. Deren zweiter Name »Islamischer Staat im Irak und in der Levante« verdeutlicht den Anspruch, einen sunnitischen Großstaat zwischen Mittelmeer und Euphrat zu errichten.

An Macht gewann die *Isis*, als sie sich im Frühjahr 2013 in den syrischen Bürgerkrieg einmischte. Vor allem im Nordosten Syriens griff *Isis* syrisch-kurdische Städte an und massakrierte die Zivilbevölkerung. *Isis* finanzierte sich von Anfang an durch Spenden aus den Golfstaaten Qatar und Saudi-Arabien, aber auch durch Wegzölle entlang der Grenzen zwischen Irak und Syrien. In den Reihen der Gruppe kämpfen internationale Brigaden, darunter Muslime aus Nordafrika und den arabischen Golfstaaten sowie Konvertiten aus Europa und Nordamerika.

Zurück zur Entwicklung im Irak: Während *Isis* Mitte Juni 2014 Teile des West- und Nordiraks eroberte, rückte auch die kurdische Armee vor. Die *Peschmerga* genannten Truppen würden die Provinzen Kirkuk, Nineve und Dijala nicht eher verlassen, bis Bagdad nicht Artikel 140 der irakischen Verfassung zur Anwendung bringe, meldete der irakische Fernsehsender *Alsumaria News* am 16. Juni 2014. Artikel 140 der irakischen Verfassung sieht ein Referendum für die kurdischen Regionen des Iraks vor. Deren Bevölkerung soll über eine Zugehörigkeit zur kurdischen Autonomieregion entscheiden. Der sich bereits abzeichnende neue Staat Kurdistan würde mit den Ölfeldern von Kirkuk über bedeutende Ölvorkommen verfügen. *Isis* kontrolliert bereits die Ölfelder nördlich von Bagdad. Aber auch der vom bisherigen irakischen Ministerpräsidenten, Innenminister, Verteidigungsminister und Chef der Sonderarmee und der Sicherheitsbehörden, Nuri al-Maliki, beherrschte Südirak hat einige Ölvorkommen. Irak ist nach Saudi-Arabien der wichtigste Öllieferant der Welt.

Die sich aus dieser Lage ergebende Konstellation birgt enormen Zündstoff: Kurdistan steht schon heute dem Westen nahe. Die sunnitische *Isis* wird von ihren saudischen Geldgebern unterstützt. Der schiitische Rest-Irak lehnt sich an den schiitischen Bruderstaat Iran an. Die bisherige Schutzmacht USA ist also in einer prekären Situation. Als Verbündeter der Saudis kann sie nicht Krieg gegen *Isis* führen, aber auch nicht die schiitische Regierung Iraks im Stich lassen, da sich diese sonst dem Iran zuwendet.

Es könnte sich allerdings herausstellen, dass *Isis* sowohl von Saudi-Arabien als auch von den USA instrumentalisiert wurde, um den Irak zu zerschlagen und dann nach erfolgter Leistung aus dem Weg geräumt zu werden – ein ähnliches Schicksal ereilte ja die *Mudschaheddin* Afghanistans, die von den USA zuerst gegen die sowjetische Besatzungsmacht mobilisiert und dann anschließend von ihrem früheren Schutzherrn selbst bekämpft wurden.

Interessant an dieser Entwicklung ist, dass nach Angaben des *Armed Forces Journal* bereits 2005 der frühere Armeeoberstleutnant Ralph Peters vorschlug, »eine Neuziehung der gegenwärtigen Grenzen im Nahmittelosten und in Asien entlang ethnischer, religiöser und von Stammesgrenzen könnte die Spannungen in der Region verringern«. Die Neuordnung sieht einen großen Staat Kurdistan im Norden des heutigen Irak, einen schiitischen im Süden und einen sunnitischen in der Mitte des Landes vor.

»Syriens geografische Lage und seine Stärke machen das Land zum strategischen Zentrum des Nahmittelostens«, schrieb Robin Wright im September 2013 in der *New York Times* und ging auf die von Peters ausgearbeitete Karte eines neu geordneten Nahmittelostens ein. »Ein Auseinanderbrechen Syriens schaffe einen Präzedenzfall für die Region und die unmittelbaren Nachbarn des Landes«, so Wright. »Bisher ist der Irak lediglich aufgrund des internationalen Drucks und der in seinen Regionen vorherrschenden Befürchtung, es allein nicht zu schaffen, nicht auseinandergefallen. Hinzu kam die Möglichkeit, mit dem Erdölreichtum Loyalität, zumindest auf dem Papier, zu kaufen. Aber nun droht Syrien den Irak in seinen Mahlstrom des Untergangs hineinzuziehen.« Eine im Herbst 2013 getroffene, durchaus prophetische Aussage!

Wie auch immer sich die Lage entwickeln wird: Eine Aufteilung und Balkanisierung des arabischen und muslimischen Nahmittelostens scheint bevorzustehen. Die Kurden im Irak haben bereits praktisch einen eigenen Staat gebildet, und der Iran hat angeboten, die schiitischen Iraker im Süden des Landes zu schützen. Alle diese Schritte fördern den Plan zur Zerschlagung des Nahmittelostens auf dramatischere und massivere Weise, als es die ursprünglichen Pläne der Briten zur Neugestaltung der Region vor mehr als einem Jahrhundert vorsahen.

Der syrische Bürgerkrieg

Russische Politikwissenschaftler haben die Revolutionen in der Arabischen Welt 2010 bis 2012, bekannt als »Arabischer Frühling«, als ein vom Westen »gesteuertes Chaos« bezeichnet, um einen »Bogen der Instabilität« zu spannen. Professor Andrej Fursow, Leiter des Zentrums für Russland-Forschung an der Moskauer Geisteswissenschaftlichen Universität und Mitglied der Internationalen Akademie der Wissenschaften in München, erklärte dazu in einem Interview (veröffentlicht im *Magazin 2000 plus*, Ausgabe 02/2013), die USA und ihre Verbündeten würden versuchen, »die islamische Welt in eine Menge kleiner Einheiten zu zerschlagen, mit denen private Militärfirmen oder Konzernsöldner leicht zurande kommen, die Reste von Ressourcen aus ihnen herauspressen und sie anschließend auf der Müllhalde der Geschichte entsorgen.« In Syrien sei dieser Versuch zu einem Halt gekommen.

Syrien ist nach Fursow neben dem Iran das Aufmarschgebiet für Zentralasien – jene Region, in der sich nach Brzezinski (siehe oben) die Machtverhältnisse in der Welt entscheiden werden. Nur über Syrien und den Iran kann

Eurasien, also hauptsächlich das geografische Gebiet Russlands, angegriffen werden.

Außerdem sei Syrien das Verbindungsglied zwischen dem schiitischen Iran und den übrigen schiitischen Gruppierungen in der arabischen Welt. Dieser religiösen Richtung des Islam stehen die Sunniten gegenüber, also Saudi-Arabien und die reichen Vereinigten Arabischen Emirate am Golf, unterstützt von den USA. Fursow: »Ohne die Lösung der syrischen Frage können sich die Briten und Amerikaner nicht an den Iran wagen.«

Syrien ist noch aus einem dritten Grund wichtig, wie Fursow erklärt: »Im südöstlichen Mittelmeerraum sind Erdgasvorkommen festgestellt worden – sowohl auf dem Seegebiet als auch an Land in der syrischen Region Kara.«

Und schließlich gebe es einen letzten Grund für den Syrien-Konflikt: Katar. Das arabische Emirat exportiert verflüssigtes Erdgas mithilfe einer Tankerflotte. Bricht das Assad-Regime zusammen, so bekäme Katar die Möglichkeit, den blauen Brennstoff direkt über das syrische Territorium an die Küste des Mittelmeers zu transportieren. Das würde sein Exportvolumen mindestens verdoppeln und gleichzeitig den Export aus dem Iran [es gibt eine Pipeline von Iran nach Syrien, Anm. d. Verf.] behindern. Das Erstarken Katars auf dem Markt für Erdgas schwächt die Position Russlands.«

Syrien – ein Konflikt des Westens mit Russland

Fursow weiter: »Die wirtschaftlichen Interessen Katars fallen mit den geopolitischen Interessen der USA zusammen und mit ihrem Bemühen, Russland maximal zu schwächen. Der Westen will von Russland nur eines: dass es Russland nicht mehr gibt.«

Daher unterstütze Russland Syrien und lasse nicht zu, dass man es zerdrückt. »Russland hat bereits Einheiten der Kriegsmarine entsandt, kein großes Kontingent, aber besser als gar nichts. Und wenn man schon Krieg führt, tut man das besser nicht durch Quantität, sondern durch Können. Es ist zu begrüßen, dass die syrische Luftabwehr bereits 18 Einheiten unserer *Buk-M2*-Raketensysteme und 36 Einheiten unserer Luftabwehrraketensysteme vom Typ *Panzir S1* erhalten hat sowie Lieferungen von *S-300*-Systemen und *Mi-25*-Hubschrauber.« Der Marinestützpunkt im syrischen Tartus, über den die Lieferungen laufen, ist der einzige Stützpunkt, den die russische Marine im Mittelmeer unterhält.

Der Moskauer Politikprofessor spricht sich so vehement für ein russisches Engagement in Syrien aus, weil er damit rechnet, dass die USA nach syrischem Muster versuchen werden, auch den Kaukasus und die Wolgaregion zu destabilisieren: »Man besetzt eine Stadt oder einen Teil davon, die Folgen sind Massaker. Dann ruft man die Weltöffentlichkeit auf, die auf Sanktionen, Kontrolle und Stützpunkte drängen wird – ein solcher existiert bereits im Hinterland, nämlich die NATO-Nachschubbasis in Uljanowsk.«

Fursows Fazit: Russland müsse sich schon jetzt »auf den Großen Krieg des 21. Jahrhunderts« vorbereiten, »auf die letzte große Jagd der Epoche des Kapitalismus, die leider höchstwahrscheinlich unvermeidbar ist.«

Der deutsche Publizist und Regierungsberater Christoph Hörstel sieht in der Konfrontation in Syrien ebenfalls einen Stellvertreterkrieg zwischen den USA und Russland. »Beide Parteien versorgen ihre Verbündeten heimlich mit Waffen: Russland das Assad-Regime und die USA die Aufständischen«, sagte Hörstel in einem Internetinterview im Februar 2013.

Ende August 2013 spitzte sich die Lage weiter zu, als die USA Marineverbände vor die Küste Syriens verlegten, um gegen Assad loszuschlagen, sollte sich der Vorwurf, er setze Chemiewaffen gegen die Aufständischen ein, erhärten. Russland und Syrien behaupteten in dieser Streitfrage, es seien die Aufständischen gewesen, die C-Waffen zum Einsatz brächten, um ein amerikanisches Eingreifen zu provozieren.

Im September 2013 vereinbarten die USA und Russland überraschend eine nicht-militärische Lösung des Konflikts: Assad müsse sein Chemiewaffenarsenal unter der Kontrolle der UN vernichten. Ob der Kampf um Syrien damit beendet ist, muss bezweifelt werden, denn an den Interessen der Großmächte hat sich nichts geändert. Zu diesen Großmächten in der Region zählen nicht nur die USA und Russland, sondern auch China.

Syrien – auch ein Kräftemessen mit China?

Der Nahe Osten mit dem darin ablaufenden Chaos trennt China von den benötigten Quellen für Erdöl und Erdgas ab. Fursow: »Chinas Drang ist eine Art Kreuzzug um Ressourcen. Pakistan befindet sich schon unter Chinas Einfluss. Mit den *Taliban* Afghanistans haben die Chinesen schon lange Beziehungen. Der Iran ist auch Verbündeter. Der Süden des Irak wird de facto bereits von den schiitischen Verbündeten des Irans kontrolliert. Geostrategisch und auch geoökonomisch gesehen dringt China hier nicht nur bis an die Küste des Indischen Ozeans, sondern bis an die syrische Mittelmeerküste. Die westlichen Kreuzritter sind in Syrien an die Chinesische Mauer gestoßen.«

Erstmals stünden sich damit zwei auf Handel und Geld orientierte Eliten gegenüber. »Peking versteht sehr wohl, dass Syrien lediglich ein Wegpunkt in der Hauptstoßrichtung der

Nordatlantiker [der Amerikaner, Anm. d. Verf.] ist – und Ziel ist es, China fallen zu sehen, es in die Schranken seiner eigenen Landesgrenzen zu verweisen, es von den Rohstoffquellen zu trennen und technologisch zu ersticken. Deswegen haben wir es mit einer solch harten Position Chinas zu Syrien in der UNO zu tun.«

Moskau unterstütze durch sein atomares und diplomatisches Potenzial die chinesische Position, denn »allein würden weder China noch Russland bestehen können«.

Die Bombardierung des Irans ist noch nicht vom Tisch

Seit dem Amtsantritt von Präsident Hassan Rouhani treffen sich iranische Unterhändler regelmäßig zu Gesprächen mit Vertretern der fünf UN-Vetomächte China, Frankreich, Großbritannien, Russland und den USA sowie Deutschland. Ziel der Verhandlungen ist eine Einsichtnahme in das Atomprogramm Irans.

Gleichzeitig haben Russland und der Iran eine vorläufige Vereinbarung über den Bau von zwei weiteren Atomkraftwerken im Iran getroffen, wie die Agentur *Irna* unter Berufung auf den Sprecher der iranischen Atomenergiebehörde, Behrouz Kamalvandi, am 13. März 2014 meldete.

Laut Kamalvandi ist bei den Verhandlungen mit der russischen Atomholding *Rosatom* in Teheran ein Protokollentwurf zur weiteren Entwicklung und zum Ausbau der Kooperation zwischen Moskau und Teheran im Atomenergiebereich vereinbart worden. Das Dokument beruhe auf dem vorherigen Abkommen aus dem Jahr 1992. Das bisher einzige iranische Atomkraftwerk Buschehr war mit russischer Hilfe fertiggestellt worden und im September 2013 ans Netz gegangen.

Michel Chossudovsky, emeritierter kanadischer Wirtschaftsprofessor und einer der schärfsten Kritiker der amerikanischen Geopolitik, sieht die ständigen Warnungen Israels und des Westens vor einem iranischen Atomwaffenprogramm als Vorstufen zu einem »präemptiven Angriff der USA mit Atomwaffen«, wie er in seinem 2012 erschienenen Buch *Das Szenario eines Dritten Weltkriegs* schreibt. Bereits im Mai 2003 sei laut Chossudovsky von US-Militärs und Geheimdienstlern ein kurzfristiger Krieg gegen den Iran (Fachbegriff: *Theater Iran Near Term*) simuliert worden. Kurze Zeit später habe Präsident George W. Bush das Strategische Kommando angewiesen, »einen Global-Strike-Kriegsplan für einen Angriff gegen die iranischen Massenvernichtungswaffen auszuarbeiten«. Dieser Plan sah umfassende Luftangriffe mit konventionellen und sogenannten taktischen Atomwaffen gegen mehr als 450 größere strategische Ziele in Iran vor.

Im September 2006 wurde dieses Kriegsszenario unter dem Namen *Vigilant Shield 07* noch einmal simuliert. Doch dieses Mal schloss die Planübung Russland, China und Nordkorea mit ein. »Diese Szenarien«, schreibt Chossudovsky, »bildeten ... die Generalprobe für die Iran-Politik der Regierung Obama, die durch Drohungen gegenüber Teheran ... sowie durch kaum verhüllte Drohungen gegen China, Russland und Nordkorea gekennzeichnet ist.« Das Übungsszenario ist nur deswegen bekannt geworden, weil Einzelheiten der *Washington Post* zugespielt worden sind.

Die Regierung Obama hat den scharfen Kurs der Bush-Administration gegen den Iran also fortgesetzt. Im Jahr 2010 bestätigte Präsident Obama diesen Kurs, als er in der *Nuclear Posture Review* verlauten ließ, die USA behielten sich »das Recht vor, Atomwaffen gegen den Iran einzusetzen«.

Wie im Konflikt um Syrien (siehe oben), kam jedoch im September 2013 Bewegung in die erstarrten Positionen, nachdem der neue iranische Präsident Hassan Rouhani vor den Vereinten Nationen Verhandlungen mit den USA, ja sogar Inspektionen der iranischen Atomanlagen anbot, wenn man seinem Land gestatte, Atomenergie friedlich zu nutzen. Gleichzeitig versprach er, keine Atomwaffen zu entwickeln und zu bauen.

Durch die Ukraine-Krise seit Anfang 2014 überschattet eine Entwicklung den Genfer Verhandlungsprozess: Russland engagiert sich mit deutlichen Zeichen im Iran. »Angesichts der politischen Situation in der Welt wollen Russland und der Iran ihre militärische und militärtechnische Zusammenarbeit auf ein neues Niveau bringen. Darauf einigten sich die Verteidigungsminister beider Staaten, Sergej Schoigu und Hossein Dehqan, am Freitag bei ihrem Treffen in Moskau.« Diese Meldung von *RIA Novosti* ließ die Welt aufhorchen. »Es handelt sich um ein grundsätzlich neues Niveau«, sagte Dehqan nach den Gesprächen. Die beiden Minister verurteilten die Politik der Vereinigten Staaten.

Ob konkrete Projekte vereinbart wurden, blieb unbekannt. Die Nachrichtenagentur zitierte im Anschluss an diese Meldung den Militärexperten Igor Korotschenko. Ihm zufolge könnte der Iran – angesichts der Verschlechterung der Beziehungen mit dem Westen – zu einem großen militärischen Partner Russlands werden.

Israel wurde angesichts dieser Entwicklungen immer nervöser. Anfang April 2014 meldete die *Jerusalem Post* unter Berufung auf das israelische Verteidigungsministerium, das Militär habe den Satelliten *Ofek-10* ins All geschossen. Er solle den Iran überwachen. Mit seiner Ausrüstung könne *Ofek-10* die Erdoberfläche zu jeder Tageszeit und bei beliebigen Wetterbedingungen fotografieren, schrieb die Zeitung. Derzeit hat Israel sechs Spionagesatelliten im Einsatz. Das Land gehört zu den zwölf Staaten der Erde, die selbstständig Satelliten starten können.

Der Militärpakt NATO–Israel

Die italienischen Jagdbomber *Tornado*, *Eurofighter 2000*, *F-16 Falcon* und andere, die im Jahr 2011 Libyen bombardierten und an 1182 Missionen bei der NATO-Operation *Unified Protector* (»Vereinte Beschützer«) teilnahmen, stehen wieder zum Abheben bereit: Sie nahmen im November 2013 an dem größten, je in Israel durchgeführten Luftkriegsmanöver teil.

Nach dem Modell der *US Air Force* wurde das Manöver *Blue Flag* (»Blaue Flagge«) genannt und fand in der Negev-Wüste statt. Das Szenario simulierte einen Angriff tief in das Feindesland, mit starker Luftabwehr (wie zum Beispiel des Iran). Nachdem man sie neutralisiert hatte, schossen die Jagdbomber auf Bodenziele, die durch Ziele in der Wüste simuliert wurden. In den Luftduellen wurden feindliche Flugzeuge von der Aggressor Squadron der israelischen Luftwaffe dargestellt, deren Piloten in verschiedenen Bekämpfungstaktiken geschult wurden, »vor allem in denen der arabischen Luftstreitkräfte«.

Das Manöver diente auch dazu, die israelische Luftwaffe in die NATO einzugliedern. Bisher hatte sie nur mit einzelnen Ländern des Bündnisses gemeinsame Übungen durchgeführt. Damit ist Israel, wenn auch nicht offiziell Mitglied der NATO, operativ in seine Strategie und militärischen Einsätze integriert. Das gehört zu dem »Programm der individuellen Zusammenarbeit« mit Israel, das von der NATO am 2. Dezember 2008 beschlossen wurde. Es umfasst ein breites Spektrum von Sektoren, in dem »die NATO und Israel vollständig zusammenarbeiten«: Austausch von Informationen zwischen den Nachrichtendiensten, Anschluss Israels an das elektronische System der NATO, Zusammenarbeit im Bereich der Rüstung; Anstieg der gemeinsamen militärischen Übungen und Ausbau der Zusammenarbeit gegen Atomwaffenverbreitung.

Der Aufmarsch der NATO am Golf

Für Israel mag das iranische Atomprogramm eine reale Bedrohung darstellen, für die Strategen der NATO ist der Iran dagegen ein Land, das die Ausdehnung des Bündnisses auf die gesamte Erdölregion stört. Und diese Expansion ist schon sehr weit gediehen: Zu den sechs Staaten des Golf-Kooperationsrats (*Gulf Cooperation Council*, GCC) – das sind Kuwait, Bahrain, Saudi-Arabien, Katar, die Vereinigten Arabischen Emirate und Oman – unterhält die NATO enge Beziehungen. Seit 2004 haben die Staaten des GCC zusammen mit der NATO und sieben weiteren Staaten am Mittelmeer – nämlich Algerien, Ägypten, Israel, Jordanien, Mauretanien, Marokko und Tunesien – in der *Istanbul Cooperation Initiative* (ICI) militärische Partnerschaft vereinbart.

Die Hauptziele der ICI lauten: Mitarbeit bei der Kontrolle des Mittelmeers, des Roten Meers und des Golfs von Aden bis in das Arabische Meer und in den Persischen Golf, Bereitstellung von Truppen und Nachschub und Verpflichtung zu gegenseitiger Verteidigung nach Artikel 5 des NATO-Vertrages, das heißt: Ein Angriff auf einen dieser Staaten könnte den NATO-Bündnisfall auslösen.

Die Golfregion sieht die NATO »als eine Erweiterung des europäisch-atlantischen Sicherheitsraums«, wie Generalsekretär Anders Fogh Rasmussen 2009 gegenüber einem Korrespondenten von *Al Arabiya* erklärte.

Aber nicht nur im Süden Irans hat die NATO eine beachtliche Bündnisstruktur aufgebaut. Im Irak, der im Westen an den Iran grenzt, schloss der stellvertretende Generalsekretär der NATO, Claudio Bisogniero, im Juli 2009 einen Vertrag mit dem irakischen Verteidigungsminister über die Ausbildung der Streitkräfte des Landes ab. Die Vereinbarung werde die gesetzliche Grundlage dafür schaffen, dass die NATO ihre Mission fortsetzen kann, hieß es auf der NATO-Website.

Nördlich vom Irak entwickelt sich Aserbaidschan zum NATO-Vorposten im südlichen Kaukasus und im Kaspischen Becken. Vafa Guluzade, ein ehemaliger Berater des Präsidenten Aserbaidschans, sagte auf einer NATO-Tagung 2010: »Das Territorium und die Menschen Aserbaidschans sind ideal für eine militärische Zusammenarbeit mit der NATO. Das Land hat eine sehr vorteilhafte geostrategische Lage, … und seine Flughäfen eignen sich als NATO-Basen.« Schon heute werden Angehörige der afghanischen Armee an den Militärakademien Aserbaidschans ausgebildet.

Afghanistan, östlich vom Iran gelegen, ist auch nach dem Abzug der Truppen der Alliierten mit etwa 400 Basen bestückt, deren wichtigste jederzeit wieder aktiviert werden können. Zudem ist das Land zusammen mit Pakistan und der NATO in der sogenannten trilateralen Militärkommission verbunden.

4.3 Nur Säbelrasseln: Noch kein Krieg mit China

Das globale Feld der Konfrontation der USA mit China kann nicht Thema dieses Buches sein. Es ist auch bereits von dem hervorragenden geopolitischen Autor William Engdahl in seinem aktuellen Werk *China in Gefahr. Wie die angloamerikanische Elite die neue eurasische Großmacht ausschalten will* ausführlich behandelt worden. Aber ich muss den Kampf um die Vorherrschaft über Asien und seine Meere hier dennoch kurz streifen, weil er sich einbettet in die globale Auseinandersetzung zwischen der Hegemonialmacht USA und seinen eurasischen Konkurrenten Russland und China.

Deswegen müssen wir auch das Säbelrasseln von Japan und China um die chinesisch Diaoyu und japanisch Senkaku genannte Inselgruppe im Ostchinesischen Meer oder das zwischen China und Vietnam um die Paracel-Inseln im Südchinesischen Meer in ihrem geopolitischen Zusammenhang sehen. Es geht in beiden Fällen um die Vorherrschaft über die Küsten Chinas. Peking beginnt, den alten Platzhalter Washington herauszufordern. Lässt der sich das gefallen und: wie lange?

Erinnern wir uns an die fast 20 Jahre alte These von Samuel Huntington: »Alle Großmächte – Großbritannien und Frankreich, Deutschland und Japan, die USA und die Sowjetunion – haben gleichzeitig mit oder unmittelbar nach ihrer rapiden Industrialisierung und ihrem wirtschaftlichen Aufschwung Expansion nach außen, Selbstbewusstsein und Imperialismus demonstriert. Es gibt keinen Grund zu der Annahme, der Erwerb wirtschaftlicher und militärischer Macht werde in China keine vergleichbaren Folgen haben.«

Der Kampf um die Vorherrschaft im Ost- und Südchinesischen Meer

China hat in den vergangenen Jahren ein umfangreiches Aufrüstungsprogramm zur Stärkung der Kriegsmarine und Luftwaffe aufgestellt. Claus Kleber nennt in seinem Buch *Spielball Erde* Chinas Doktrin »die aktive Verteidigung auf See«. Das erste Ziel sei, das Süd- und Ostchinesische Meer samt Taiwan »effektiv zu kontrollieren«.

Der Streit mit Japan im Ostchinesischen Meer ist nicht der einzige Territorialdisput. Auch die Spratlys, eine Inselgruppe im südchinesischen Meer, werden neben China von Brunei, Malaysia, den Philippinen, Taiwan und Vietnam beansprucht. Dort werden große Öl- und Erdgasvorkommen vermutet.

Am 10. Mai 2014 flammte zwischen China und Vietnam der Konflikt um die schon lange umstrittenen Paracel-Inseln neu auf. Chinesische Kampfflugzeuge verletzten den von Vietnam beanspruchten Luftraum in der Nähe der chinesischen Ölbohrinsel *Haiyang Shiyou 981*. Vietnam wirft China vor, die Plattform dort illegal zu betreiben. Zwischen Booten der chinesischen Marine und der vietnamesischen Küstenwache kam es zum Gefecht – allerdings vorerst nur mit Wasserkanonen. Diese Paracel-Inselgruppe, die nordwestlich der Spratlys im südchinesischen Meer liegt, beherbergt ebenfalls Öl- und Erdgasvorkommen und liegt an den internationalen Schiffsrouten im südchinesischen Meer, die China unbedingt kontrollieren will.

Vietnams Ministerpräsident Nguyen Tan Dung warnte auf dem Weltwirtschaftsforum in Manila, das am 24. und 25. Mai 2014 stattfand, davor, dass die Auseinandersetzungen die wirtschaftliche Erholung der Welt gefährden könnten. »Derzeit werden drei Viertel des weltweiten Güterverkehrs über die Meere abgewickelt. Davon gehen zwei Drittel durch das

Südchinesische Meer«, sagte er. »Jedes Risiko eines Konfliktes wird diesen riesigen Warenfluss unterbrechen und unvorhersehbare Auswirkungen auf die regionale Wirtschaft und die Weltwirtschaft haben«, warnte der Ministerpräsident. »Es könnte sogar den Trend der weltweiten wirtschaftlichen Erholung umkehren.«

Geostrategisch viel brisanter ist der Vorwurf der philippinischen Regierung vom 15. Mai 2014, China treibe auf dem Johnson-South-Riff Baumaßnahmen voran und errichte dort möglicherweise einen Flugplatz oder einen Stützpunkt. Das Riff gehört zu den Spratly-Inseln im Südchinesischen Meer und wird territorial von beiden Ländern beansprucht. Brisanter ist dieser Vorfall deswegen, weil die Philippinen im Gegensatz zu Vietnam unter dem militärischen Schutz der USA stehen.

Das philippinische Außenministerium veröffentlichte vier Luftaufnahmen des Riffs, die aus dem Zeitraum zwischen März 2012 und März 2014 stammen. Die Bilder zeigen mutmaßlich die schrittweise erfolgte chinesische Anlandung von Maschinen und Material sowie Bauarbeiten auf dem Johnson-South-Riff, das die Philippinen als »Mabini-Riff« bezeichnen. »Diese Maßnahmen werden als Destabilisierung und Verletzung der Erklärung zum Verhalten der Anrainerstaaten des Südchinesischen Meeres und des Völkerrechts betrachtet«, heißt es in einer philippinischen Erklärung, die die lokale Internet-Nachrichtenseite *GMA Online* veröffentlichte.

Die philippinische Regierung geht davon aus, dass China auf diesem Riff einen Flugplatz errichten will, um seine Einsatzfähigkeit im Südchinesischen Meer zu vergrößern. Die Errichtung von Gebäuden und anderen Einrichtungen auf dem Riff könnte auch dazu dienen, die von China beanspruchte Hoheit über die umgebenden Gewässer und Inseln zu festigen.

Aus philippinischer Sicht gehört das Johnson-South-Riff zur Inselgruppe Kalayaan, während es von China als Teil seiner Provinz Hainan betrachtet wird. Aber auch andere Länder wie Vietnam und Taiwan erheben Anspruch auf das Riff.

Der Sprecher des philippinischen Außenministeriums, Charles Jose, erklärte am 15. Mai 2014, seine Regierung befürchte, dass China das Johnson-South-Riff als Insel im Sinne des Seerechtsübereinkommens der Vereinten Nationen (SRÜ, international: UNCLOS) definieren wolle, um seine beanspruchten Souveränitätsrechte auch auf die umgebenden Gewässer ausdehnen zu können.

Nach der Definition des SRÜ gehört zu einer Insel eine sogenannte Ausschließliche Wirtschaftszone (*Exklusive Economic Zone*, EEZ) von etwa 370 Kilometern, die so bezeichnete 200-Meilen-Zone. Daher hätte das Land, das die Souveränität in Bezug auf eine Insel besitzt, auch Anspruch auf die entsprechende EEZ. Im Gegensatz zu Inseln stehen Riffen, größeren Felsen und anderen Strukturen laut SRÜ keine EEZ zu.

Chinas Geostrategie

Als Beweis für den schnellen Aufbau einer schlagkräftigen chinesischen Armee gelten die ständig steigenden Rüstungsausgaben (siehe weiter unten), die Indienststellung des ersten chinesischen Flugzeugträgers 2011 und der Aufbau eines Netzwerks potenzieller Stützpunkte, die nach Kleber »als vorgeschobene Posten für Konflikte im Pazifik dienen und Taiwan, Südkorea und möglicherweise sogar den Nahen Osten von amerikanischen Verstärkungen abschneiden können«. Bislang hat sich China im Rahmen seiner »Perlenkettenstrategie« – der Begriff stammt allerdings, wie Engdahl nachweist, aus dem Pentagon und ist keine chinesische Strategie – Stützpunkte entlang der Tankerrouten im Indischen Ozean gesichert. Hierzu hat es Verträge zur Nutzung der Seehäfen für seine Marine mit Myanmar, Bangladesch und Pakistan abgeschlossen.

Der frühere chinesische Staatschef Deng Xiaoping beschrieb bereits im August 1994 Chinas geostrategische Ziele: »Erstens, Hegemoniestreben und Machtpolitik entgegenwirken und den Weltfrieden sichern. Zweitens, eine neue internationale politische und ökonomische Ordnung [Yuan neben dem Dollar als Weltwährung, Anm. d. Verf.] aufbauen.«

Wer nach Ansicht der Chinesen nach Macht und Hegemonie strebt, macht Song Yimin, Analytiker in der Forschungsabteilung des chinesischen Außenministeriums, in einem Aufsatz für die Zeitschrift *International Studies* klar: »Das strategische Ziel der USA besteht darin, ihre Hegemonie auf die ganze Welt auszudehnen, und sie können nicht hinnehmen, dass in Europa oder Asien eine Großmacht entsteht, die einmal ihre Führungsposition bedroht.« Zbigniew Brzezinski bestätigt Yimins Einschätzung. In seinem Buch *Die einzige Weltmacht* schreibt er: »Amerika ist … die gegenwärtig bestimmende Weltmacht, deren bloße Gegenwart in der Region, gestützt auf seine dominierende Position in Japan, Chinas Einfluss eindämmt.«

Womit wir wieder bei den aktuellen Konflikten im Ost- und Südchinesischen Meer wären. Der russische Politologe Fjodor Lukjanow kündigte bereits im Januar 2013 in der Zeitung *Moskowskije Nowosti* an, dass nach seiner Meinung Washington die Zeit für neue Aktivitäten in der Region gekommen sieht. Die US-Marine, die als die schlagkräftigste weltweit gelte, beäuge misstrauisch jeden Versuch, ihre Handlungsfreiheit auf hoher See einzuschränken.

Japanisch-chinesische Provokationen

Die seit Anfang 2014 geltende Luftraumüberwachungszone, die Peking über das Ostchinesische Meer verhängt hat, ist ein solcher Versuch. Chinas Streitkräfte seien in der Lage, die Zone »wirksam« zu kontrollieren, teilte ein Sprecher des Verteidigungsministeriums mit. In dem neuen Überwachungsgürtel in einem mit Japan umstrittenen Seegebiet verlangt China, dass sich ausländische Flugzeuge anmelden, identifizieren und den Anweisungen seiner Luftwaffe folgen.

»Wir betrachten es als einseitiges Bemühen, den Status quo im Ostchinesischen Meer zu verändern«, sagte US-Vizepräsident Joe Biden nach einem Treffen mit Japans Ministerpräsident Shinzo Abe Anfang 2014. Die USA würden die Militärzone nicht anerkennen. »Unsere Militärflugzeuge werden weiter normal fliegen, ohne auf die ADIZ (Identifikationszone zur Luftverteidigung) Rücksicht zu nehmen.«

Biden warnte vor Unfällen in der Zone, die sich mit ähnlichen Überwachungsgürteln Japans und Südkoreas überlappt. Japan betreibt schon lange seine eigene Identifikationszone. Zuletzt wurde sie im Mai 2010 noch deutlich ausgeweitet. Sie reicht an einer Stelle bis auf nur 130 Kilometer an Chinas Küste heran. Ein großer Teil überdeckt sogar Chinas Wirtschaftszone (EEZ). Chinas neue Zone reicht ähnlich an einer Stelle bis 130 Kilometer an Japans Küste heran – aus chinesischer Sicht eine »proportionale Reaktion«.

Unter Hinweis auf diese schon seit 1969 betriebene japanische Luftraumverteidigungszone kritisierte der Verteidigungssprecher in Peking den Widerstand Japans. Es habe kein Recht, »unverantwortliche Äußerungen« über Chinas Vorgehen zu machen, das rechtmäßig sei. Japan habe den Territorialstreit im Ostchinesischen Meer verschärft, indem es einen Teil der Inseln nationalisiert habe.

»Die neue Zone ist die symbolische Rache für den Kauf mehrerer Inseln durch Japans Regierung im vergangenen Jahr«, bestätigt Professor Kerry Brown vom China-Zentrum der Universität Sydney der dpa diese Entwicklung. Die Regierung in Tokio hatte damals argumentiert, keine andere Wahl gehabt zu haben, weil Nationalisten die Inseln kaufen wollten. »Für China war das aber eine Provokation, die immer noch wehtut.«

Japan spiele die Bedrohung durch China auch deswegen hoch, argumentiert das chinesische Verteidigungsministerium, um seine pazifistische Verfassung zu ändern und aufzurüsten. Die USA forderte der Sprecher des Ministeriums auf, mit ihrer Unterstützung für Tokio nicht »falsche Signale« zu senden.

Es ist ein gewagtes Spiel. Mit der Schaffung einer eigenen chinesischen Luftverteidigungszone (AIDZ) verändert China die Einsatzregeln für seine Streitkräfte und gleichzeitig den heiklen Status quo im Ostchinesischen Meer. Damit wächst die Gefahr einer Konfrontation zwischen chinesischen und japanischen Militärflugzeugen im Luftraum über dem umstrittenen Meeresgebiet. Ein solcher Zwischenfall könnte der Zündfunke für einen militärischen Konflikt in Ostasien werden, in den zwangsläufig auch die USA als Sicherheitspartner Tokios hineingezogen werden könnten.

Nicht zufällig erfolgte der Schritt wenige Wochen, bevor Abes rechtskonservative Regierung neue Richtlinien für das Nationale Verteidigungsprogramm beschloss. Ein Kernpunkt ist die Verteidigung abgelegener Inseln. Laut Medienberichten soll die Zahl von Tankflugzeugen auf acht verdoppelt werden. So könnten Kampfjets Treibstoff nachtanken und länger in der Luft bleiben. Die Flotte soll um kleinere und schnellere Zerstörer ergänzt werden.

Schon heute lässt Japan täglich Überwachungsflugzeuge

der Marine um die japanisch verwalteten Inseln patrouillieren. Wenn ein chinesisches Flugzeug gesichtet wird, steigen *F-15*-Jäger auf und fordern den Eindringling auf, das Gebiet zu verlassen. Tokio ist nun besorgt, dass chinesische Flugzeuge solche Warnungen ignorieren oder sogar versuchen könnten, Japans Flugzeuge abzudrängen. Vorerst will Japan weitermachen wie bisher. »Wir müssen sehen, was die andere Seite macht«, wurde ein hoher Beamter in Tokio zitiert.

Die diplomatischen Strippen im Hintergrund

US-Präsident Barack Obama und die Außenministerin seiner ersten Amtszeit, Hillary Clinton, haben immer wieder betont, wie wichtig der Asien-Pazifik-Raum sei, nicht zuletzt in militärischer Hinsicht. Gleichzeitig bauen Amerikaner die diplomatischen Kontakte mit den Nachbarländern Chinas aus. Auffallend ist die schnelle Annäherung (unter anderem militärpolitisch) zwischen Washington und Vietnam, die vor 40 Jahren noch erbitterte Feinde waren. Auch mit Myanmar (das frühere Burma), das vor Kurzem zu den Schurkenstaaten gehörte, haben sich die Amerikaner wieder befreundet. Um die Gunst des strategisch wichtigen Landes buhlen die USA, China und Indien.

»Die USA schlagen einen Kurs ein, der uns nicht gefällt. Sie stellen sich auf die Seite von Japan und den Philippinen. China ist deswegen extrem unglücklich«, sagte Anfang April 2014 Ruan Zongze, ehemaliger Diplomat beim China-Institut für Auslandsstudien, einer Pekinger Denkfabrik mit guten Verbindungen zum Außenministerium. Aus Sicht Pekings schlägt sich Washington bei den Territorialstreitigkeiten immer stärker auf die Seite Japans und anderer Länder. Offiziell haben die USA erklärt, man sei neutral, würde aber im Notfall seinen Verbündeten zur Seite stehen.

Amerikanische Vertreter hatten zuletzt einen harten Ton angeschlagen, was die umstrittenen Inselgruppen im Ost- und Südchinesischen Meer anbelangt. Der chinesische Verteidigungsminister Chang Wanquan forderte seinen amerikanischen Amtskollegen Hagel auf, Washington solle Japan zurückpfeifen. Außerdem kritisierte er die Philippinen. General Fan sagte Hagel unverblümt, das »chinesische Volk ist unzufrieden«, weil die USA Japan und die Länder Südostasiens unterstützen, heißt es in einer Mitteilung auf der Website des chinesischen Verteidigungsministeriums.

In einem Kommentar dazu schrieb die einflussreiche Zeitung *Global Times,* eine Veröffentlichung des KP-Organs *Renmin Ribao,* man habe derart starke Worte »in der Vergangenheit nicht häufig erlebt«. Diese Äußerungen könnten weitreichende Folgen haben.

Im ASEAN, dem Verband südostasiatischer Nationen, lässt sich ein interessanter Trend beobachten: Mit der wachsenden Rivalität zwischen Peking und Washington könnte sich die einflussreiche Organisation nach dem geopolitischen Prinzip spalten. Küstenländer wie Vietnam, Singapur, Malaysia und die Philippinen sind an den USA als Schutzherr interessiert. Kontinentalländer wie Kambodscha, Laos, Thailand und Myanmar zieht es vor allem zu China.

Eine besondere Rolle bei der Mobilisierung gegen China spielt Indien. Die Beziehungen zwischen beiden Ländern sind seit dem Grenzkrieg 1962 alles andere als gut. Aber erst vor ein paar Jahren räumte Neu-Delhi ein, dass die Globalisierung für beide Länder aus wirtschaftlicher Sicht nützlich sein könnte.

Indien reagiert allerdings sehr nervös auf den Ausbau der Militär- und Marinekräfte Chinas. Zumal Peking der wichtigste Partner Pakistans ist, das die Zusammenarbeit mit den

USA nicht mehr ausweiten will. Für Neu-Delhi ist das ein weiterer Grund, der »chinesischen Gefahr« zu begegnen. Gleichzeitig will Indien, das eine eigene Vorstellung von seiner Rolle in der Weltpolitik hat, eine zu enge Allianz mit den USA vermeiden, die es endgültig zu einem Vorposten gegen China verwandeln würde.

Konflikt Japan–China wie Europa 1914

Weil es gerade um Allianzen geht, komme ich noch einmal zurück zum aktuellen japanisch-chinesischen Säbelrasseln. Die Beziehungen zwischen Tokio und Washington sind seit den Handelskriegen zwischen beiden Ländern in den 1980er-Jahren »zunehmend gereizt« (Huntington). Eine gemeinsame außenpolitische Bedrohung wie jetzt der chinesische Luftraumüberwachungsgürtel im Ostchinesischen Meer lässt die beiden ungleichen Verbündeten wieder zusammenrücken. Für Japan geht es um die seit Langem geplante Wiederaufrüstung, für die USA darum, eine Führungsrolle oder Hegemonie Chinas in Asien zu verhindern.

Während des Wirtschaftstreffens in Davos – so meldeten die Nachrichtenagenturen am 23. Januar 2014 – zog Japans Regierungschef Shinzo Abe die Parallele zwischen Japan und China und Europa vor dem Ersten Weltkrieg. Die aktuellen Spannungen seines Landes mit China seien mit der Situation zwischen dem Deutschen Reich und Großbritannien kurz vor dem Ersten Weltkrieg vergleichbar.

Auch damals hätten gute Handelsbeziehungen zwischen den Ländern den Ausbruch des Krieges nicht verhindert. China und Japan, die weltweit zweit- beziehungsweise drittgrößten Volkswirtschaften, sind ökonomisch eng miteinander verbunden. Der bilaterale Handel im Jahr 2012 hatte japanischen Angaben zufolge ein Volumen von annähernd 334 Milliarden Dollar.

Abe ergänzte, dass die steigenden Militärausgaben Chinas eine bedeutende Quelle der Instabilität in der Region seien.

Die chinesische Aufrüstung

Die weltweiten Rüstungsausgaben werden im Jahr 2014 erstmals seit 2009 wachsen und sich auf 1,547 Billionen Dollar belaufen. Das geht aus einem vor Kurzem veröffentlichten Bericht des US-amerikanischen Wirtschaftsforschungsinstituts IHS hervor.

Im Vergleich zu 2013 haben die Rüstungsausgaben um 0,6 Prozent zugelegt. Das wurde vor allem dank Russland und führenden asiatischen Ländern möglich. Europa und die USA kürzen hingegen ihre Rüstungsausgaben.

»Trotz einer gewissen Besserung der Wirtschaftslage kürzen die meisten westlichen Länder ihre Militärausgaben, um den eigenen Haushalt auszugleichen und zudem die Staatsschulden zu reduzieren«, so IHS-Analyst Craig Caffrey. In diesem Zusammenhang wies er auch auf den für 2014 geplanten Abzug der internationalen Truppen aus Afghanistan hin.

Am meisten werden die Rüstungsausgaben in diesem Jahr in Russland zulegen: um 13 Prozent. Das hängt vor allem mit dem umfassenden Umrüstungsprogramm bis 2020 zusammen, bei dem mehr als 700 Milliarden Dollar ausgegeben werden. Ich habe bereits an früherer Stelle darauf hingewiesen. »Laut dem vom Parlament gebilligten Plan werden Russlands Militärausgaben von 68 Milliarden Dollar im vergangenen Jahr auf 98 Milliarden Dollar 2016 wachsen«, so der Experte. Ihr Anteil am gesamten Haushalt wird von 15,6 auf 20,6 Prozent klettern. Die Frage ist jedoch, ob Russland diese Ausgaben angesichts der zu erwartenden wirtschaftlichen Talfahrt von 2014 bis 2016 verkraften wird.

Besonders aktiv rüsten auch die Nahostländer auf. »2013 entfallen vier der fünf am intensivsten wachsenden Waffenmärkte ausgerechnet auf diese Region. So hat Oman seine Rüstungsausgaben seit 2011 um 115 Prozent auf 9,2 Milliarden Dollar aufgestockt. In Saudi-Arabien ist der Militärhaushalt allein im vorigen Jahr um 19 Prozent gewachsen«, sagte die Analystin von *IHS Jane's Aerospace, Defense & Security*, Fenella McGerty.

Zurück zu China: Laut IHS bleibt Asien die einzige Region der Welt, in der seit 2009 ein ständiger Zuwachs der Militärausgaben zu verzeichnen ist. Alleiniger Spitzenreiter ist weiterhin China, dessen Rüstungsausgaben 2015 voraussichtlich größer als die Großbritanniens, Frankreichs und Deutschlands zusammen sein werden (159,6 gegenüber 149 Milliarden Dollar). Trotz des langsameren Wirtschaftswachstums erhöht Peking also weiter seine Militärausgaben. Das bedeutet, dass China das hohe Tempo bei der Modernisierung seiner Volksbefreiungsarmee fortsetzen will. In den vergangenen 20 Jahren stiegen die Militärausgaben durchschnittlich um 13 Prozent jährlich. Die höchste Steigerungsrate von 20,4 Prozent wurde im Jahr 2006 erreicht. Ein geringer Rückgang war nur 2010 zu erkennen gewesen.

Laut Philip Saunders von der *National Defense University* (Washington) ist es möglich, dass die von Peking angegebenen Zahlen die Gesamtausgaben des Militärs nicht widerspiegeln. Saunders zufolge ist Chinas Rüstungsetat etwa um die Hälfte höher als die offiziellen Angaben und liegt schon heute bei etwa 160 Milliarden Dollar.

Peking zufolge wird der Anstieg der Rüstungsausgaben nicht zur Militarisierung der chinesischen Außenpolitik führen. »Wir werden die Möglichkeiten der Streitkräfte erhöhen, einen breiten Kreis von Aufgaben zu lösen, von denen die wichtigste ist, lokale Konflikte zu gewinnen, bei denen soziale Netzwerke im Internet eine große Rolle spielen«, sagte der frühere Ministerpräsident Wen Jiabao (2003–2013).

Ist ein Krieg USA–China programmiert?

Nach Meinung des französischen Wirtschaftsexperten Jean-François Susbielle muss es in absehbarer Zeit zu einer gewaltsamen Konfrontation der Supermächte USA und China kommen. Ein amerikanisch-chinesischer Wirtschaftskrieg sei bereits im Gange, nun komme die militärisch-strategische Aufrüstung hinzu. Während Washington das Reich der Mitte durch einen Ring von Militärbasen einkreise, so Susbielle in seinem Buch *China–USA. Der programmierte Krieg*, gehe Peking strategische Allianzen ein wie etwa die SCO, über die ich bereits geschrieben habe, oder Vereinbarungen mit Staaten in Afrika und Südamerika.

Der deutsche Fernostexperte Friedbert Pflüger sieht den Grund für einen Zusammenstoß dieser beiden Supermächte im Wettlauf um die verbliebenen Rohstoffe. »Da die Amerikaner schon überall auf der Welt sind, wo es Vorkommen an Öl, Gas, Kohle oder Uran gibt, führt die chinesische Energiesicherungspolitik fast unweigerlich zu wachsendem Wettbewerb, wenn nicht zum Konflikt mit den Vereinigten Staaten – in Zentralasien oder im Kaukasus zusätzlich auch mit Russland«, schreibt Pflüger in der Zeitschrift *Internationale Politik* (Mai/Juni 2010). Pflüger glaubt, eine »Ära eines globalen Energie- und Rohstoffimperialismus« habe begonnen. Erste Schauplätze dieses Ringens werden der Mittlere Osten und Zentralasien sein.

Auch William Engdahl beschreibt in seinem oben bereits genannten aktuellen Buch, wie die USA schon seit Jahren Vorbereitungen treffen, um China im Falle eines größeren Konflikts vom Zugang zu lebenswichtigen Rohstoffen, insbesondere vom Persischen Golf und aus Afrika, abzuschneiden. Immerhin geht die Hälfte der weltweiten Containertransporte durch den Indischen Ozean, und der wird von den USA, nicht von China kontrolliert.

Avery Goldstein nannte in der September/Oktober-Ausgabe 2013 von *Foreign Affairs* sogar einen Zeitpunkt für den möglichen Krieg: in den nächsten zehn Jahren, »solange China im Vergleich zu den USA relativ schwach bleibt«. Derzeit haben die Vereinigten Staaten einen riesigen qualitativen Vorsprung bei den konventionellen Streitkräften, und dies steigere die Versuchung. Washington habe gerade in letzter Zeit mehrfach betont, dass es Japan und die Philippinen gegenüber China verteidigen werde. »Fast sicher«, schreibt Goldstein, werde die Konfrontation auf See beginnen und auch die Luftwaffe mit einbeziehen. Angriffsziele wären die chinesische Marine und ihre Einrichtungen, Radaranlagen und Raketenbasen.

Immerhin sagte Mitte Dezember 2013 ein Team von Verteidigungsexperten in einer Anhörung dem *House Armed Services Committee* im US-Repräsentantenhaus, dass sich die USA auf einen Krieg gegen China vorbereiten sollten. China strebe ehrgeizig den Großmachtstatus an, zudem könnten die Spannungen in Asien nicht mehr geleugnet werden. Das Pentagon müsse die Seeflotten aufrüsten sowie einige zusätzliche U-Boote zur Verfügung stellen.

»Chinas Führung strebt ehrgeizig den Status einer Großmacht an«, sagte Seth Cropsey vom *Hudson Institut*e in Washington DC. »Die USA nehmen diese Möglichkeit nicht so ernst, wie sie es sollten.« Um dieser Bedrohung zu begegnen, bräuchten die USA einen genauen Kriegsplan und müssten neue Militäranlagen entwickeln, so Cropsey weiter.

Jim Thomas, Vizepräsident des *Center for Strategic and Budgetary Assessments*, wies darauf hin, dass Chinas Militär immer selbstbewusster und eigenständiger werde. »Vor zehn Jahren war China militärisch auf russische Unterstützung angewiesen, hat nun aber immer mehr auf einheimische Produkte umgestellt. Sie werden rasch moderne U-Boote und Lenkwaffenzerstörer aufbauen und ihre Flottenluftverteidigung ausbauen«, so Thomas weiter.

Randy Forbes, Vorsitzender des Unterausschusses für »Seapower and Projection Forces«, sagte, dass die Modernisierung die Chinesen ermutigen werde, ihre Interessen durch Unterdrückung der Nachbarstaaten und das Zurückschieben der Vereinigten Staaten in die Asien-Pazifik-Region durchzusetzen. »Die schnelle Zunahme der Spannungen in Asien kann heute nicht mehr geleugnet werden.«

Chinas ehemaliger Botschafter bei den Vereinten Nationen, Sha Zukang, sagte am 9. Dezember 2013 gegenüber der taiwanesischen *China Times*, dass der territoriale Konflikt zwischen China und Japan auch die USA und Südkorea involvieren und somit zum Dritten Weltkrieg führen könne, »der größer wäre als der Zweite Weltkrieg«.

5. Mögliche Kriegsszenarien

5.1 Der Kampf der Bündnisse

Erinnern Sie sich an die Warnung von Altkanzler Helmut Schmidt, Amerika, die EU und Russland würden, Stand Mai 2014, »einen Dritten Weltkrieg herbeireden«? Die aktuelle Krise um die Ukraine sei »zunehmend vergleichbar« mit der Lage Europas im Sommer 1914, sagte Schmidt damals. »Europa, die Amerikaner, auch die Russen verhalten sich so, wie es der Autor Christopher Clark in seinem lesenswerten Buch über den Beginn des Ersten Weltkriegs beschrieben hat: wie ›Schlafwandler‹«, so Schmidt weiter, »die Gefahr, dass sich die Situation verschärft wie im August 1914, wächst von Tag zu Tag.«

Wenn ein Vergleich zwischen 1914 und 2014 gerechtfertigt ist, dann sicherlich in der Hinsicht, dass große Bündnissysteme zum einen bei den teilnehmenden Staaten das Gefühl falscher Sicherheit auslösen können, zum anderen die Länder auch in eine kriegerische Auseinandersetzung ziehen können, die sie möglicherweise gar nicht wollen.

Der bereits zitierte Berliner Politikwissenschaftler Herfried Münkler umreißt in seiner Studie des Ersten Weltkriegs die Bündnispolitik, die Europa in den Strudel des Krieges gezogen hat. Im Interview mit dem Radiosender *Stimme Russlands* sagte er im Mai 2014: »Sicherlich gibt es zwei Blankoschecks, die auf den Krieg zuführen, nämlich den Blankoscheck der Deutschen an die österreichisch-ungarische Regierung hinsichtlich der Politik gegenüber Serbien. Und natürlich auch den Blankoscheck des Zaren gegenüber den Serben in der entscheidenden Phase der Verhandlungen. Und nun kann man sagen, vielleicht gibt es sogar noch einen dritten Blankoscheck, nämlich die vom französischen Präsidenten Poincaré gegebene Zusage an St. Petersburg, im Falle eines Krieges hinter Russland zu stehen, sodass gewissermaßen diese Unterstützungszusagen dann zusammenkommen und den Regierungen eine Politik der Unvorsichtigkeit ermöglichen, die sie sonst wahrscheinlich nicht betrieben hätten ...«

NATO gegen OVKS und SCO

Auch 100 Jahre später gibt es Bündnisse, »die den Regierungen eine Politik der Unvorsichtigkeit ermöglichen«. Sehen wir uns das des Westens an: die NATO. Der militärische Pakt von 28 europäischen und nordamerikanischen Staaten, genannt *North Atlantic Treaty Organization* (NATO), schließt nahezu alle Länder West- und Mitteleuropas mit den USA und Kanada zusammen. Das Territorium des Militärbündnisses reicht teilweise bis zu den Grenzen der Russischen Föderation. Neben den 26 europäischen Mitgliedsländern sind Irland, Schweden, Finnland, Malta, Österreich und die Schweiz durch die »Partnerschaft für den Frieden« mit der NATO verbunden.

Für mögliche Kriegsszenarien – wie zum Beispiel das *Szenario Osteuropa*, auf das ich im nächsten Abschnitt kommen werde – ist es wichtig zu beachten, dass sich die NATO-Mitglieder zu gegenseitigem Beistand verpflichtet haben. Im Fall des bewaffneten Angriffs auf eines der Mitglieder müssen die übrigen Mitgliedstaaten zur sogenannten kollektiven Selbstverteidigung, also zum gemeinsamen Militäreinsatz, schreiten. Der Krisenherd Ukraine könnte sich jederzeit in die benachbarten NATO-Länder ausbreiten, und das sind – von Nord nach Süd – die baltischen Staaten, Polen, die Slowakei, Ungarn und Rumänien.

Israel hat eine Sonderstellung als »Major Non-NATO Ally«, als wichtiger Nicht-NATO-Verbündeter, der USA. Am 2. Dezember 2008 wurde von der NATO eigens das sogenannte »Programm der individuellen Zusammenarbeit« mit Israel beschlossen. Diese Verbindung Israels mit der NATO müssen wir im Hinterkopf behalten, wenn wir uns das *Szenario Mittlerer Osten* vorstellen.

Ebenso ist es mit dem besonderen Bündnis, das Japan mit den USA hat. 1952 schloss Tokio einen Sicherheitsvertrag mit Washington ab, der 1960 noch einmal modifiziert wurde. Darin ist festgelegt, dass ein Angriff auf Japan automatisch den militärischen Beistand der Vereinigten Staaten auslösen würde. Neben den USA wäre dann möglicherweise auch die NATO im Fernen Osten involviert, wie ich gleich noch im *Szenario Fernost* skizzieren werde.

Eine enge Zusammenarbeit der NATO besteht auch mit dem Kooperationsrat der arabischen Staaten des Golfes (*Gulf Cooperation Council*, GCC). Diesem Verteidigungsbündnis gehören an: Bahrain, Katar, Kuwait, Oman, Saudi-Arabien und die Vereinigten Arabischen Emirate. Marokko, Jordanien und Jemen haben die Mitgliedschaft beantragt. Eine mögliche militärische Auseinandersetzung der GCC-Staaten mit dem Iran – keine andere Staatengemeinschaft außer den USA hat in den vergangenen Jahren so massiv aufgerüstet wie die GCC – könnte auch hier die NATO einbinden. Ich werde im *Szenario Mittlerer Osten* darauf eingehen.

Die »Gegen-NATO« ist die Organisation des Vertrags über kollektive Sicherheit (OVKS). »Aufgabe des Bündnisses ist die Gewährleistung der Sicherheit, Souveränität und territorialen Integrität der Mitgliedstaaten«, heißt es in der Charta der OVKS. »Dies soll vornehmlich durch eine enge Zusammenarbeit in der Außenpolitik, in militärischen Angelegenheiten, in der Erforschung neuer militärischer Technologien sowie in der Bekämpfung grenzübergreifender Bedrohungen durch Terroristen und Extremisten erreicht werden.«

Zur OVKS gehören Russland, Weißrussland, Armenien, Kasachstan, Kirgistan und Tadschikistan. Russland unterhält in jeder dieser postsowjetischen Republiken Militärstützpunkte. Konfliktzone Nummer eins: Weißrussland. Es liegt im Süden der zur NATO gehörenden baltischen Staaten, grenzt im Westen an Polen und in seinem Süden an die Ukraine – ein geostrategischer Dreh-und Angelpunkt, an dessen Grenzen jederzeit ein *Szenario Osteuropa* ausbrechen kann.

Auch OVKS-Mitglied Armenien ist von herausragender strategischer Bedeutung. Es ist eingekeilt von seinem mächtigen Nachbarn Türkei im Westen und Süden, von Georgien im Norden und Aserbaidschan im Osten – der erste ein mächtiges NATO-Mitglied, der zweite und dritte deren NATO-Aspiranten. Wer über Georgien, Armenien und Aserbaidschan herrscht, kontrolliert den Korridor zwischen den öl- und gasreichen Ländern des Kaspischen Beckens und dem Schwarzen Meer und damit weiter nach Europa. Weil die Kriege der Zukunft um die Ressourcen und ihre Transportwege gefochten werden, ist dieser südkaukasische Korridor ein weiterer Konfliktherd, der rasch zum *Szenario Südkaukasus* führen könnte.

Die OVKS-Länder Tadschikistan und Kirgistan grenzen – geostrategisch wichtig – im Osten an China und im Süden an Afghanistan. Im Westen der beiden Staaten befinden sich zwei mögliche Beuteopfer im eurasischen Schachspiel: Zum Ersten das erdgasreiche Usbekistan – es betreibt seit Jahren eine Schaukelpolitik zwischen OVKS und NATO. Und zum Zweiten Nachbar Turkmenistan, ebenfalls reich an Erdgas und Erdöl. Er gehört zwar offiziell weder der OVKS noch der NATO an, hat aber 1992 ein bilaterales Verteidigungsabkommen mit Russland abgeschlossen. Rund 12 000 russische Soldaten einer Mechanisierten Division und der Luftwaffe sind für die Sicherung der Grenze zu Afghanistan und dem Iran auf turkmenischen Boden stationiert.

Das Problem für beide Machtblöcke besteht darin, dass sich die zentralasiatischen Staaten weder dem Westen noch Russland zugehörig fühlen, sondern eher zu den islamischen Bruderländern tendieren. In der Organisation für Islamische Zusammenarbeit (*Organization of Islamic Cooperation*, OIC) sind diese Länder mit über 50 weiteren islamischen Staaten verbunden. Sollte die OIC eines Tages auch ein militärischer Bund werden, dann könnte Huntingtons These vom Kampf der Kulturen Wiederauferstehung feiern. Aber eine militärische Auseinandersetzung um die beiden Staaten scheint eher unwahrscheinlich.

Zurück zum östlichen Verteidigungsbündnis: Interessant ist, dass Serbien – der Keil im VIII. Korridor, erinnern Sie sich? – und Afghanistan als Beobachter der OVKS eingeladen sind. Interessant für mögliche Krisenszenarien ist auch, dass drei Staaten wieder aus dem Militärbündnis ausgetreten sind: Aserbaidschan, Georgien und Usbekistan – alle drei Konfliktherde von geostrategischer Bedeutung, wie im *Szenario Südkaukasus* zu zeigen sein wird.

Georgien, die Ukraine, Aserbaidschan und Moldawien schlossen sich am 10. Oktober 1997 zu einer Sicherheitsallianz zusammen, die ihren Namen aus den Anfangsbuchstaben der vier Staaten ableitet: GUAM. Ich habe sie weiter oben bereits erwähnt. Langfristig streben die vier Staaten in die NATO. Sollte dieser Fall eintreten, erhöht sich das heutige Konfliktpotenzial um ein Vielfaches, denn ein Angriff auf eines dieser Länder – wie zum Beispiel der Fünf-Tage-Krieg Russlands im August 2008 gegen Georgien – würde automatisch den NATO-Bündnisfall auslösen.

Das im Vergleich zur OVKS schwergewichtigere Bündnis besteht in der bereits erwähnten Shanghaier Organisation für Zusammenarbeit (SOZ) – auch *Shanghai Cooperation Organization* (SCO) genannt. Weißrussland, Kasachstan, Kirgistan, Tadschikistan, Russland und China haben sich in diesem Bündnis zur »gemeinsamen Gewährleistung und Unterstützung von Frieden und Sicherheit in der Region« verpflichtet. Der uns bereits bekannte Robert Kagan hat am 16. Juli 2008 auf *Spiegel Online* die SCO als Anti-NATO und zweiten Warschauer Pakt bezeichnet.

Die SCO könnte sowohl bei einem Konflikt in Osteuropa als auch im Südkaukasus wie auch im Fernen Osten China durch sein Bündnis mit Russland in einen Weltkrieg ziehen. Im *Szenario Fernost* entwerfe ich dieses Bild.

Schauplatz Eurasien

Ich habe die gegensätzlichen geostrategischen Interessen, die diese Bündnisse zusammenhalten, schon im ersten und im vierten Kapitel ausführlich beschrieben. Ich denke, aus dem bisher Beschriebenen geht eindeutig hervor, dass der Kampf zwischen USA/NATO und Russland/China um Eurasien begonnen hat. Es ist ebenfalls hinreichend belegt, dass beide Seiten die von mir ausführlich beschriebenen Konfliktzonen Osteuropa/Ukraine und Schwarzes Meer/Kaukasus in Europa sowie Syrien/Iran im Mittleren Osten und in Fernost das Ost- und Südchinesische Meer als »geostrategische Dreh- und Angelpunkte« (Brzezinski) erkennen und daher nicht bereit sind, in auch nur einer der umkämpften Regionen nachzugeben.

Das bedeutet, dass es jederzeit und an jedem Punkt dieser Brandherde zu einer Provokation mit anschließenden militärischen Gefechten kommen kann. Wie die Geschichte zeigt, weiten sich diese zunächst begrenzten Konflikte oft in Kriege aus. Zum einen, weil schon seit Jahren in den jeweiligen Staaten Stimmung gegen den vermeintlichen Feind gemacht wurde. Zum anderen, weil sich die Länder in Bündnissystemen zusammengeschlossen haben – bestes Beispiel hierfür ist der Erste Weltkrieg. Aus einem ursprünglich begrenzten wird ein allumfassender Krieg.

Das muss nicht unvermeidbar so kommen. Territoriale Konflikte ließen sich immer auch auf dem Verhandlungsweg lösen. Aber genau hier muss unsere Skepsis einsetzen, wenn wir die Entwicklung der vergangenen Jahre betrachten. Die Zeichen stehen eher auf Konfrontation als auf Verständigung oder gar Kooperation.

5.2 Schauplatz Europa

Wenn wir uns an die Konfliktregionen aus Kapitel 4 erinnern, dann tauchen diese beiden Fragen auf: In welchen dieser Konfliktregionen, die einen Bündnisfall auslösen könnten, ist schon heute die Gefahr zum Krieg gegeben? Und welchen Flächenbrand könnten diese Brandherde entfachen?

Ich habe im Folgenden vier Krisenherde ausgewählt, die als Kriegsauslöser und -schauplätze am wahrscheinlichsten sind. Ich weise darauf hin, dass ich hier nicht im Sinne von Helmut Schmidt einen Krieg herbeireden möchte, sondern dass ich aufzeigen will, welches Gefahrenpotenzial in diesen Regionen liegt. Wie bereits gesagt: Da ist kein Krieg programmiert, aber er bahnt sich an, und den Politikern sei geraten, diese schwelenden Feuer sofort zu löschen – durch Verhandlungen und Verständigung –, bevor die Flammen auflodern und eine Feuerwalze auslösen.

Das erste Szenario: Krieg in Osteuropa

Schauplatz Nummer eins ist die Ukraine. Die Situation dort ist brandgefährlich, weil das Land an die NATO-Staaten Polen, die Slowakei, Ungarn und Rumänien grenzt und – wie ich oben gezeigt habe – große geostrategische Bedeutung im Kampf um die Vorherrschaft in Eurasien hat. Eine bewaffnete Auseinandersetzung Russlands mit der Ukraine oder um Transnistrien/Moldawien könnte rasch auf die benachbarten Länder übergreifen und damit auch die NATO – also auch Deutschland – in den Krieg ziehen. Noch rascher würde die Verwicklung der NATO in einen solchen Konflikt erfolgen, wenn die Allianz der Ukraine oder Moldawien direkt zu Hilfe eilte oder wenn einer der beiden Staaten der NATO beigetreten wäre.

Möglichkeit A und daher erstes Szenario ist ein provozierter oder fingierter Angriff oder vielleicht nur eine Grenzverletzung russischer Truppen gegenüber einem NATO-Land. Polen, die Slowakei, Ungarn und Rumänien, die eine gemeinsame Grenze mit der Ukraine haben, sind bei einem ukrainisch-russischen Krieg Frontstaaten. Ruft eines dieser vier Länder die NATO um Hilfe an, dann tritt Artikel 5 der NATO-Charta in Kraft: Bündnisfall.

Nehmen wir an, Russland würde seinen Landsleuten in der Ostukraine und Transnistrien »zu Hilfe kommen« und dabei in Scharmützel mit rumänischen Grenztruppen geraten. Will die NATO die Situation nicht eskalieren lassen, dann wird protestiert und gedroht und verhandelt. Washington und Brüssel könnten sich freilich auch zu einem Militärschlag gegen Russland entschließen, wenn sie zu dem Schluss kämen, Anlass und Zeitpunkt wären ideal.

Diese Möglichkeit eines NATO-Angriffs erschließt sich, wenn wir alles zusammennehmen, was ich Ihnen in diesem Buch dargelegt habe. Aus geostrategischen, also auch ökonomischen Gründen – Stichwort: die Beherrschung des Weltenergiemarkts – müssen die Vereinigten Staaten von Amerika Russland daran hindern, (wieder) eine eurasische Großmacht zu werden. Das heißt, dass sie eine Vorherrschaft Russlands in der Ukraine und in Moldawien nicht so einfach hinnehmen können.

Um die russischen Streitkräfte entscheidend zu schwächen, müsste die NATO zuerst Raketenbasen, Nachschublager und Armeeeinrichtungen mit Raketen und Bomben angreifen und in einer zweiten Welle wichtige Infrastruktureinrichtungen wie Brücken und Häfen. Gleichzeitig würden die russischen Truppen in der Ukraine und Moldawien sowie in den grenznahen Bereichen auf russischem Staatsgebiet massiv bombardiert.

Wie reagiert Russland? Oberbefehlshaber Putin weiß, dass diese Angriffswellen kommen werden. Aber er weiß auch, dass die NATO Zeit braucht, um diese Militärschläge vorzubereiten. Die einzige Chance der russischen Armee besteht in der Schnelligkeit. Wenn die in Ost- und Mitteleuropa stationierten NATO-Einrichtungen in einer Blitzaktion angegriffen und zerstört werden, dann hat Russland eine militärische Überlebenschance. Denn aufgrund der militärischen Kapazitäten der USA, auf die ich im ersten Kapitel hingewiesen habe, ist anzunehmen, dass Russland unterlegen wäre, je mehr die Nachschubmaschinerie der NATO ins Rollen kommt.

Die russischen Streitkräfte müssten – ähnlich dem Blitzkriegkonzept der Deutschen Wehrmacht oder dem amerikanischen Panzervorstoß nach Bagdad im Irak-Krieg von 2003 – versuchen, ihre Kriegsziele schnell zu erreichen.

Das vorrangige strategische Ziel dürfte sein, die militärischen Einrichtungen und die Infrastruktur der Gegner zu zerstören. Ob dazu ein schneller Vorstoß bis zum Rhein nötig ist, wie er noch im Kalten Krieg geplant wurde?

Der geplante Angriff

Als es zu Bürgerprotesten kommt, putscht sich in Moskau das Militär an die Macht. Der neue Mann, General Soschkin, ist ein Hardliner, der im gesamten Ostblock Ausschreitungen unnachgiebig niederknüppeln lässt. Die Schuld an den Unruhen sieht er im Westen, der nachdrücklich fordert, den Demokratiebewegungen ihren Lauf zu lassen.

Soschkin befiehlt die »Operation Donnerschlag«. Seine Truppen führen ein Landungsunternehmen an der Schleswig-

Holsteinischen Ostseeküste und einen massiven Angriff im Raum Fulda durch, der zunächst dank konventioneller Überlegenheit schnell vorankommt, begleitet von umfangreichen Luftschlägen.

Die NATO kämpft sich jedoch bis Berlin zurück und befreit die Stadt. Soschkin ist nicht bereit aufzugeben und zündet als Drohgebärde eine Atombombe über der Nordsee. Nachdem der Geheimdienst einen geplanten amerikanischen Erstschlag meldet, befiehlt Soschkin den Abschuss von Interkontinentalraketen und löst damit einen umfassenden amerikanischen Gegenschlag aus.

Das eben Geschilderte war die Handlung der fiktionalen Dokumentation *Der Dritte Weltkrieg*, den Guido Knopp 1998 für das ZDF produziert hatte. Die deutsch-amerikanische Koproduktion basierte auf Krisenplänen von NATO und Warschauer Pakt.

Ein ähnliches Szenario stellt der ehemalige Oberstleutnant der Nationalen Volksarmee, Siegfrid Lautsch, in den 1980er-Jahren Leiter der Operativen Abteilung im Militärbezirk V (Neubrandenburg), in seinem Buch mit dem Titel *Kriegsschauplatz Deutschland* vor. Lautsch hatte die »operativen Planungen« von 1983, 1985 und 1988 für den Einsatz der 5. Armee seines Militärbezirkes – einer der beiden NVA-Armeen, die mit den Truppen des Warschauer Paktes gegen die NATO gekämpft hätten – entwickelt.

Demnach hätten die Ostblocktruppen in fünf bis sieben Tagen durch die Norddeutsche Tiefebene hindurch die niederländische Grenze erreicht haben wollen. Größeren Widerstand erwartete der Warschauer Pakt angesichts des hohen Marschtempos nicht. Erreichen sollten das 98 300 Soldaten – vor allem Soldaten der Nationalen Volksarmee (NVA), unterstützt von einigen tausend Rotarmisten – und über 1000 Panzer. Darüber hinaus diente der Vorstoß quer durch die

Republik dazu, die Flanke eines für Nordhessen vorgesehenen Hauptangriffs der Roten Armee im Norden abzusichern.

Nimmt man die strategischen Planungen des Warschauer Paktes zusammen, die während des Kalten Krieges entwickelt wurden, dann ergibt sich folgendes Bild: Insgesamt würden drei russische Panzerkolonnen vorrücken. Der erste Panzerkeil würde über den Raum Stettin–Berlin nach Lübeck, Hamburg und weiter bis zu den Niederlanden vordringen. Der zweite und stärkste Stoßkeil würde über Sachsen und Nordhessen ins Ruhrgebiet vorstoßen. Die dritte Panzersäule würde über Böhmen und Nordbayern zum Oberrhein streben. Russisches Ziel wäre der Rhein und die Kontrolle der deutschen Industrie und Verkehrswege – und damit des NATO-Nachschubs.

Lautsch zufolge waren die Warschauer-Pakt-Truppen zahlenmäßig um 50 Prozent überlegen. An Material hätte sogar das 2,7-Fache zur Verfügung gestanden.

Was haben diese alten Szenarien mit der Gegenwart zu tun? Die strategischen Planungen des ehemaligen Warschauer Paktes scheinen seit fast 30 Jahren Geschichte und die der damaligen NATO ebenso. Aber in diesen Spannungszeiten, in denen wir leben, könnten sie urplötzlich wieder aktuell werden. Wenn wir nur die strategische Lage der Exklave Kaliningrad oder Weißrusslands betrachten, dann wissen wir, wie nah an Westeuropa die OVKS-Armeen stehen. Die europäischen NATO-Truppen könnten – denken Sie an den Zustand der Bundeswehr, den ich im zweiten Kapitel beschrieben habe – einem massiven russischen Angriff nicht standhalten.

In der NATO selbst wird die Verteidigungsbereitschaft des Bündnisses äußerst kritisch gesehen. Angesichts des Ukraine-Konflikts wurden in Brüssel Szenarien einer russischen Aggression gegen die baltischen Staaten diskutiert. Einhellige Einschätzung war, dass die NATO derzeit nicht in der Lage sei, die Mitgliedstaaten im Baltikum mit konventionellen Mitteln zu schützen, berichtete das Magazin *Der Spiegel* vom 19. Mai 2014 unter Berufung auf eingeweihte Kreise. »Russlands Fähigkeit und Absicht, ohne große Vorwarnung bedeutsame Militäraktionen zu unternehmen, stellt eine weitreichende Bedrohung für den Erhalt von Sicherheit und Stabilität in der Euro-Atlantischen Zone dar«, zitierte das Blatt aus einem Entwurf des NATO-Verteidigungsplanungsausschusses.

Russland sei fähig, kurzfristig und an beliebigem Ort eine militärische Bedrohung von lokaler oder regionaler Größe aufzubauen, hieß es in dem vorläufigen Bericht weiter. Die europäischen NATO-Partner hätten dagegen aus dem Ende des Kalten Krieges den Schluss gezogen, »dass jene Fähigkeiten reduziert werden könnten, die dazu benötigt werden, in konventionellen, groß angelegten, hoch-intensiven Konflikten in Europa zu kämpfen«. In einigen Fällen seien »ganze Fähigkeitsbereiche aufgegeben oder umfangreich reduziert worden«.

Im gleichen Magazin forderte der polnische Außenminister Radoslaw Sikorski eine größere militärische Unterstützung durch die NATO. Das Bündnis müsse in Polen das tun, was es in allen anderen Ländern getan habe, sagte er. Es gebe Basen in Großbritannien, Spanien, Deutschland, Italien und der Türkei. »Das sind sichere Plätze. Doch da, wo Basen wirklich nötig wären, gibt es sie nicht«, sagte Sikorski.

Kommen wir zum Fazit des ersten Szenarios. Die entscheidende Frage wird sein: Wo zieht die NATO die rote Linie, die aus Sicht des Westens nicht überschritten werden darf? Ist eine militärische Besetzung der Ostukraine oder von Teilen Moldawiens durch Russland der Casus Belli?

Im Kriegsfall, also bei gegenseitigen Bombenangriffen oder sogar bei einem Angriff mit Bodentruppen, ist die Bundesrepublik als Nachschubbasis für Osteuropa von den gegnerischen Luftschlägen besonders stark betroffen. Am schlimmsten freilich wäre ein Einfall von OVKS-Truppen in Deutschland, denn die NATO-Luftstreitkräfte würden auch innerhalb ihrer eigenen Länder – also auch in Deutschland – bombardieren, wenn sich gegnerische Streitkräfte darin befänden. Aber selbst wenn dieser Worst Case nicht eintritt, würde ein Krieg nach dem *Szenario Osteuropa* in Deutschland große Zerstörungen verursachen.

Das zweite Szenario: Krieg im Südkaukasus

Schauplatz Nummer zwei ist der Südkaukasus. In dieser politisch instabilen Region treffen die Rohstoffinteressen der beiden Machtblöcke frontal aufeinander. Der Südkaukasus umfasst die Länder Georgien, Armenien und Aserbaidschan. Alle drei sind besonders deswegen gefährdet, weil sie den geostrategisch enorm wichtigen Korridor bilden zwischen der Kaspischen See und dem Schwarzen Meer, also der Ressource und dem Transportweg.

Ich erinnere an das Zitat von Mark Brzezinski: »Kontrollierte Russland Aserbaidschan, könnte es … die russische Kontrolle der erdölreichen zentralasiatischen Staaten verstärken … und auch die russische Vorherrschaft über andere Kaukasusstaaten, vor allem Armenien und Georgien. Seine Lage macht Aserbaidschan zu einem lebenswichtigen Verkehrskorridor, der den Zugang zum Kaspischen Becken und nach Zentralasien kontrolliert.«

Eine ähnlich entscheidende Bedeutung als Konfrontationslinie zwischen der eurasischen Landmacht Russland und der transatlantischen Seemacht USA haben Aserbaidschans zwei südkaukasische Nachbarn Georgien, ein NATO-Aspirant, und OVKS-Mitglied Armenien, das eingekreist ist von NATO-Mitglied Türkei, von Georgien und Aserbaidschan.

In diesem »eurasischen Balkan« (Brzezinski) könnten Scharmützel an den Grenzen sofort Russland/OVKS und USA/NATO aktivieren und zu einem Schlagabtausch zwischen den Machtblöcken führen. Wie weit dieser zunächst regionale Konflikt eskaliert, ist völlig offen. Weil Aserbaidschan und Georgien derzeit noch nicht NATO-Mitglieder sind, besteht die Hoffnung, dass die Spannungen in der Region nicht gleich zum großen Krieg führen.

Das dritte Szenario: Krieg im Mittleren Osten

Schauplatz Nummer drei ist der Nahe und Mittlere Osten. Eine Verstrickung des NATO-Partners Türkei in den syrischen Bürgerkrieg kann den Bündnisfall auslösen – gegebenenfalls mit Russland als Hauptgegner, falls Moskau Damaskus zu Hilfe eilt. Ebenso kann eine kriegerische Auseinandersetzung zwischen den USA und/oder Israel mit dem Iran die anderen NATO-Länder – wegen der besonderen Beziehung Israels zur NATO – in den Konflikt hineinziehen. Noch gefährlicher wird dieses Szenario, wenn Russland und China dem Iran zu Hilfe kommen.

Ich erinnere an die Aussagen des bekannten Börsenexperten Marc Faber, die ich bereits zitiert habe: »Der Dritte Weltkrieg wird in den nächsten fünf Jahren auftreten. Das bedeutet, dass der Nahe Osten in die Luft gesprengt wird. Die neuen Regierungen dort werden dem Westen weniger geneigt sein. Der Westen hat auch erkannt, dass er sich China nicht entziehen kann. Der einzige Weg für den Westen, sich

China vom Leib zu halten, ist, die Ölleitungen im Nahen Osten zu kontrollieren.«

Das Szenario eines großen Kriegs im Mittleren Osten beginnt – wie immer – mit einer regionalen Auseinandersetzung. Nehmen wir an, der Bürgerkrieg in Syrien eskaliert in einen Krieg der Türkei gegen Syrien, weil sich Ankara von Damaskus angegriffen fühlt und vielleicht auch weil eine wackelnde Regierung nationalen Rückhalt erwecken will. Die NATO – deutsche *Patriot*-Abwehrraketen stehen zum Beispiel an der türkischen Grenze zu Syrien und sind damit ebenfalls Teil des Krieges – eilt ihrem Bündnispartner zu Hilfe.

Russland unterstützt das Assad-Regime mit Waffenlieferungen und vielleicht mit Spezialtruppen. Über den Luftraum sind diese Lieferungen nicht möglich, weil Syrien nur über türkischen und irakischen Luftraum zu erreichen ist. Derzeit toleriert der Irak noch Waffennachschub an das syrische Regime über den Landweg. Im Kriegsfall werden die USA das zu verhindern wissen.

Folglich kämen die russischen Waffen zum Großteil per Schiff, insbesondere was schwere, große und strategisch wichtige Waffensysteme betrifft. Es ist anzunehmen, dass die NATO, die bereits heute mit starken Flottenverbänden im östlichen Mittelmeer operiert, dann eine Seeblockade gegen Syrien verhängt. Zwischen den bewaffneten russischen Nachschubkonvois und den Kriegsschiffen der NATO könnte es leicht zu Gefechten kommen und dann zu einem großen Krieg – ähnlich wie die amerikanische Seeblockade Kubas 1962 fast einen Dritten Weltkrieg zwischen den USA und der UdSSR ausgelöst hätte.

Nehmen wir also an, die NATO schneidet die russisch-syrischen Nachschublinien ab. Wie verhält sich Moskau? Greift es NATO-Stützpunkte an? Und bombardiert die

NATO daraufhin weitere Militärziele in Russland? Wie weit geht die Eskalation?

Sollte der Iran seinen syrischen Alliierten auch noch unterstützen, etwa durch Entsendung und Einschleusung von Kämpferbrigaden nach Syrien, so wäre die Eskalation nicht mehr aufzuhalten. Israel und die USA hätten einen Grund für den lange geplanten Angriff auf die iranischen Atomanlagen. Da der Iran als Antwort auf die Bomben sicherlich Raketen gegen Israel abfeuern würde, käme es zum großen Krieg – mit einer möglichen Ausweitung nach Europa, weil sich ja nun USA/Israel/NATO und Syrien/Iran/Russland und wahrscheinlich auch China gegenüberstehen.

Dabei muss man auch wissen, dass der Iran – laut Quellen in der israelischen Regierung, wie William Engdahl in seinem China-Buch schreibt – über hochmoderne Luftverteidigungsanlagen russischer Produktion verfügt. Die Abwehrraketen können gegen Tarnkappenflugzeuge, Interkontinentalraketen und Marschflugkörper eingesetzt werden. Neben Russland hat auch China dem Iran in den vergangenen Jahren beim Aufbau des militärisch-industriellen Sektors mit bis zu zehn Milliarden Dollar geholfen. Engdahl nennt hier die Entwicklung der Kurzstreckenraketen *Oghab* und *Nazeat*, der Langstreckenraketen *Shahab-3* und des Anti-Schiff-Marschflugkörpers *Nasr* durch iranisch-chinesische Koproduktion.

Wichtig in diesem Szenario ist die Ausgangslage: China, Russland und der Iran fungieren als Sicherheitsmächte für Syrien. Alle drei eurasischen Mächte haben gemeinsam mit einigen ihrer Verbündeten Schiffe vor den Küsten des Jemen, vor Dschibuti und Somalia im strategisch wichtigen Meereskorridor des Golfs von Aden stationiert. General a. D. Klaus Reinhardt hat in einem Interview mit dem *Deutschlandfunk* am 24. Juli 2012 auf diese Gefahr hingewiesen. Ein militärisches Eingreifen der USA in Syrien würde zu einem Dritten Weltkrieg führen, sagte der ehemalige Befehlshaber der KFOR-Truppen im Kosovo. Die Internetseite *Gegenfrage* schrieb am 16. Januar 2012: »Die Regierungen Russlands und Chinas sind sich einig: Ein Angriff [des Westens, Anm. d. Verf.] auf den Iran oder auch auf Syrien wird als Angriff auf die eigene nationale Sicherheit gewertet. Ein chinesischer General sprach jüngst sogar von einem Dritten Weltkrieg, sollte der Iran überfallen werden.« Ähnliches schrieb das *Handelsblatt* am 8. September 2013: »Für den Fall, dass die USA Syrien angreifen, fürchtet der Iran einen Flächenbrand. Der neue iranische Außenminister sprach von einem drohenden ›Feuer, das alle verbrennen wird‹.«

Wiederum können wir nur spekulieren, in welcher Form dieser Weltkrieg nach Deutschland kommen könnte. In jedem Fall ist die Bundeswehr als NATO-Partner an der Auseinandersetzung beteiligt. Ob der Krieg auf deutsches Staatsgebiet überschwappt, ist nicht recht vorstellbar, aber auch nicht gänzlich auszuschließen. Denn bei einem Schlagabtausch im Mittleren Osten böte sicherlich Westeuropa eine offene Flanke, und eine Verteidigung gegen einen etwaigen russischen Entlastungsangriff – die in Militärstrategien oft beschriebene »zweite Front« – wäre mehr als fraglich, wie ich im ersten Szenario bereits beschrieben habe.

Auf jeden Fall wären in einem Krieg, auch wenn er auf die Region Iran–Türkei–Syrien–östliches Mittelmeer begrenzt bliebe, Heer, Luftwaffe und Marine der Bundeswehr im Einsatz.

Das vierte Szenario: Krieg in Fernost

Schauplatz Nummer vier ist das Ost- und/oder Südchinesische Meer. Militärische Scheingefechte vor der Küste der

Volksrepublik China waren in den ersten sechs Monaten des Jahres 2014 an der Tagesordnung. Sie erinnern sich aus dem vierten Kapitel: Da steigen Kampfjets auf, und es wird mit Kriegsschiffen – zurzeit noch mit Wasser – aufeinander geschossen. Die Inseln, um die der Streit geht, heißen Diaoyu oder Senkaku, Spratlys, Paracel und – in einem Fall war es sogar nur ein Riff – das Johnson-South-Riff. Sie liegen alle in einer Zone großer Erdöl- oder Erdgasvorkommen. Und – was noch wichtiger ist – diese Inseln kontrollieren das Ost- und Südchinesische Meer, durch das mehr als 70 Prozent des chinesischen Überseehandels auf riesigen Tankern und Containerschiffen fließen.

Die Gegner in diesem geostrategischen Duell sind die USA als Herrscher über die Meere und damit über die Handelswege, vertreten durch ihre Verbündeten Japan, die Philippinen und möglicherweise in naher Zukunft Vietnam, auf der einen Seite. Würden die USA die Kontrolle über die Versorgungsrouten in den Weltmeeren verlieren, wären sie keine »einzige Weltmacht« mehr.

Für den Herausforderer China als Herrscher über die Weltproduktion und damit über die Waren sind genau diese Schifffahrtsrouten lebensnotwendig. Wird der Fluss dieser riesigen Warenmengen, von Erdöl über Rohstoffe bis hin zu Maschinen, von Textilien über Nahrungsmitteln bis hin zu Pharmazeutika nach China und aus China heraus gestört oder gar gestoppt, dann bräche vermutlich die chinesische Wirtschaft zusammen.

Welches Szenario ergibt sich daraus? Im schlimmsten Fall erhitzt sich der Streit zwischen Japan und China, bis er außer Kontrolle gerät und Waffen eingesetzt werden. Auch eine Auseinandersetzung zwischen China und den Philippinen um Inseln und Schürfrechte ist denkbar. Da schießen plötzlich

Kriegsschiffe aufeinander, oder Militärjets bekämpfen sich. Ab diesem Zeitpunkt kann sofort ein großer Fernostkrieg entstehen, in dem die USA ihren Bündnispartnern Japan oder den Philippinen zu Hilfe kommen und chinesische Kriegsschiffe, Raketenbasen, Häfen und Militäreinrichtungen bombardieren. China wird ebenso auf amerikanische Schiffe und Flugzeuge feuern. Die bange Frage lautet: Wie weit geht diese Eskalation?

Sollte Russland seinem Waffenbruder China zu Hilfe kommen, würde sich die NATO ihrem Bündnispartner USA zur Seite stellen. Ebenso wie die OVKS-Staaten – noch einmal zur Erinnerung: Weißrussland, Armenien, Kasachstan, Kirgisistan und Tadschikistan – Russland beistehen würden. Der Dritte Weltkrieg wäre ausgelöst.

Für Westeuropa und insbesondere Deutschland bedeutete dieser Bündnis-»Blankoscheck«, dass ein russisch-weißrussischer Angriff auf Westeuropa den Bündnispartner China entlasten könnte. Diesem Schlag wäre – wie ich schon im ersten Szenario schilderte – die NATO Europas zunächst nicht gewachsen. Bündnispartner USA wäre in Fernost gebunden und vermutlich wirtschaftlich und militärisch nicht in der Lage, Europa sofort zu Hilfe zu kommen.

Deutschland könnte also durchaus – so unwahrscheinlich das im Moment klingt – Kriegsschauplatz werden. Ich bin bereits ausführlich in meinem 2013 erschienenen Buch *Am Vorabend des Dritten Weltkriegs* auf dieses Extremszenario eingegangen.

Aber es gibt eine weitere Möglichkeit. Es könnte auch die NATO angreifen – wir wissen ja aus der Geschichte: ein Vorwand findet sich immer – und russische Kräfte durch einen Einmarsch in die Ukraine und Weißrussland binden. Auch in diesem Szenario ist Deutschland unmittelbar betroffen. Denn es ist zu erwarten, dass Russland sein Raketenarsenal einsetzt, um den westeuropäischen militärischen Nachschub zu stoppen. Diese Waffen kommen zum großen Teil aus Deutschland oder werden über deutsches Territorium transportiert. Deutschland wäre also Bombenziel Nummer eins. Inwieweit es Russland gelingt, die Raketen abzufeuern, und welche Schäden diese dann in Deutschland und Europa anrichten, darüber kann wiederum nur spekuliert werden. Jedenfalls wäre die Zerstörung im Augenblick sicherlich höher als in ein oder zwei Jahren, wenn der NATO-Raketenabwehrschild steht. Zu überlegen ist auch, ob es durch einen ballistischen Angriff zu einem Zusammenbruch der mitteleuropäischen Infrastruktur kommt.

5.3 Was Sie tun können

Gehen wir vom allerschlimmsten Kriegsszenario aus, dann könnte es zu einem (versuchten) Durchbruch russischer Truppen bis zum Rhein kommen: im Norden aus dem Raum Stettin–Berlin nach Lübeck, Hamburg und den Niederlanden; in der Mitte Deutschlands aus dem Raum Sachsen und Nordhessen ins Ruhrgebiet; im Süden aus Böhmen über Nordbayern zum Oberrhein. Dann wäre das gesamte Gebiet zwischen Elbe, Donau und Rhein vom Krieg überzogen. Fast alle deutschen Städte wären betroffen, von den Großstädten besonders Berlin, Köln, Frankfurt und Münster.

Auch wenn es nicht zum Einsatz russischer Bodentruppen käme, wären Luftangriffe auf Militäreinrichtungen und wichtige Infrastruktureinrichtungen wie Bahnhöfe, Häfen und Brücken wahrscheinlich.

Welche Regionen sicher sind

Während dieses schlimmsten aller möglichen Fälle wären vermutlich die Verteidigungsräume der NATO, das Ruhrgebiet, die Niederlande, Südbayern (Chiemgau, Alpenregion) und die Alpen am sichersten. Dennoch sollte man sich selbst in diesen Regionen von den oben genannten strategischen Zielen fernhalten.

Wenn Sie nicht in diesen vermeintlich sicheren Gebieten leben, sollten Sie ein paar Erwägungen in Betracht ziehen: Sofern Sie es können, dann schaffen Sie sich in hügeligem, ländlichem Gebiet abseits des Hauptgeschehens ein kleines Refugium. Meiden Sie Großstädte, ebenso Ballungsräume und Hauptverkehrswege. Besorgen Sie sich jetzt schon Wanderkarten; durchwandern Sie die infrage kommenden Gebiete und bestimmen Sie schon heute Zufluchtsorte.

Flüchten Sie bei Einmarsch fremder Truppen in diese Zufluchtsorte, also auf Berge, auf Almhütten und in Wälder. Beziehen Sie während des Krieges Erdbunker, die provisorisch strahlensicher gemacht wurden, oder Kellerbunker. Denken Sie an ausreichende Mengen an Trinkwasser und Konserven.

Sinnvolle Vorsichtsmaßnahmen

Am besten rüsten Sie sich für den Ernstfall, um Ihre Familie zu schützen und Ihren Besitz zu bewahren, indem Sie allgemeine Vorbereitungen und Vorsorge treffen. Ich möchte Ihnen dazu einige Anregungen geben.

Lassen Sie sich nicht auf Finanzspekulationen ein, und sehen Sie zu, dass Ihr Geld nicht langfristig gebunden ist. Sammeln Sie eine ausreichende Menge Bargeld zu Hause und verschaffen Sie sich eine rasche Abhebungsmöglichkeit von Bargeld. Denken Sie an eine hilfreiche Fortbildung, etwa eine landwirtschaftliche Grundausbildung, an ein Studium von Selbstversorgerbüchern oder an einen Urlaub auf dem Bauernhof. So können Stadtbewohner am ehesten lebenswichtige Tätigkeiten lernen. Besorgen Sie sich Survival-Bücher und besuchen Sie einen Erste-Hilfe-Kurs.

Falls machbar, erwerben Sie jetzt noch einen kleinen Bauernhof oder ein Haus mit Garten, möglichst immer in der Nähe einer Quelle oder eines Baches. Das Haus sollte mit Ofen und Herd für Kohle, Holz und Papier ausgestattet sein, außerdem sollte die Möglichkeit des Brotbackens gegeben sein. Denken Sie an die Einlagerung von Trinkwasser, verschiedenen Kornarten in Jutesäcken, Konserven, Medikamenten, Holz und Kohle. Schaffen Sie sichere Schlafplätze und einen Schutzraum.

Denken Sie vor allem an die Gesundheitsvorsorge – im Ernstfall werden Sie nur selten einen Arzt mit den nötigen Medikamenten treffen. Lassen Sie rechtzeitig fällige Operationen durchführen und erledigen Sie alle nötigen Impfungen für sich und die Angehörigen. Lassen Sie die Zähne möglichst komplett sanieren. Brillenträger sollten sich mehrere unzerbrechliche Reservebrillen zulegen. Sorgen Sie für ausreichende Kondition durch Wandern, Joggen und eine sinnvolle Ernährung.

Halten Sie Ordnung mit wichtigen Dokumenten und legen Sie sich Originale und beglaubigte Kopien zurecht.

Schließlich: Schaffen Sie sich einen Krisenrucksack an! Was da hineingehört, lesen Sie im Folgenden.

Der Krisenrucksack

- Wasserbeutel mit dazugehörigen Tabletten für die Entkeimung (erhältlich in Trekking-Geschäften oder im Bergsteigerfachhandel)
- Kompaktes Ein-Mann-Zelt
- Zusammenrollbare Bodenmatte als Kälteschutz
- Schlafsack
- Plane als zusätzlicher Regenschutz
- Medikamente (exakt nach Empfehlung ausgerüstete Notfallapotheke)
- Genaue Wanderkarten und Landeskarten
- Dokumente (wasserdicht verpackt)
- Regenhaut, Mütze und wasserdichter Hut
- Reservebrillen
- Qualitativ optimale, leichte Jogging-Schuhe

- Socken, Unterkleidung, Reservehemden oder T-Shirts
- Batterien, Kerzen, wasserdichte Zünder, Feuer
- Kleines Solarladegerät für aufladbare Batterien (erhältlich im Camping-Fachhandel)
- Überlebensmesser mit Lupe, um Feuer zu machen
- Kleiner Naturführer, der Auskunft gibt über essbare Beeren, Pflanzen, Wildgemüse etc.
- Kleiner Taschenofen (zu beziehen im Camping-Fachhandel)

Was wir daraus lernen

Bevor ich Ihnen mein ganz persönliches Resümee gebe, das ich aus den beschriebenen Fakten und möglichen Szenarien gezogen habe, möchte ich Ihnen noch eine kleine Geschichte erzählen.

Mit einem Spatenstich wurde am 27. Juli 1903 im türkischen Konya feierlich der Bau der Bagdad-Bahn begonnen. Das Deutsche und das Osmanische Reich wollten mit einer ingenieurtechnischen Meisterleistung eine Eisenbahn von Konya nach Bagdad (Irak) mit einer Abzweigung ins syrische Aleppo bauen – und damit auch von Berlin nach Bagdad, wie der eigentliche Bauherr, Kaiser Wilhelm II., immer wieder versicherte.

Über Bagdad hinaus geführt, wäre diese Verbindung der schnellste und wirtschaftlichste Verkehrsweg zwischen Europa und Indien geworden. Das rief die europäischen Großmächte Großbritannien, Russland und Frankreich auf den Plan. Die fertiggestellte Bahnlinie hätte dem Deutschen Reich einen Zugriff auf die arabische Region und deren Ölquellen ermöglicht. Sie wäre außerdem eine Konkurrenz zu britisch und russisch beherrschten Verkehrsrouten geworden: dem von Briten beherrschten Suezkanal und russischen Eisenbahnprojekten im Iran.

Die Bagdad-Bahn spielte für Deutschland eine kriegswichtige Rolle, weil das Deutsche Reich sich mit ihrer Hilfe unabhängig von Ölimporten aus den USA machen wollte. Im Falle einer Seeblockade hätte der Ausfall der Öllieferungen kriegsentscheidend sein können. Für das Osmanische Reich war die Bahn ebenfalls kriegsentscheidend, weil nur sie eine ausreichende Versorgung der südlichen Front am Suezkanal mit Truppen und Waffen und eine wirksame Bekämpfung der arabischen Aufständischen ermöglichte. Der Erste Weltkrieg brachte das Projekt zum Erliegen. Es gibt zahlreiche Historiker, für die der Bau der Bagdad-Bahn der Hauptgrund für die Kriegsbereitschaft Großbritanniens war.

Springen wir in die Gegenwart. Sie erinnern sich an den Besuch von Chinas Präsident Xi Jinping in Duisburg Anfang April 2014. Xi schlug den Bau einer neuen »Wirtschaftlichen Seidenstraße« zwischen China und Europa vor. Die Infrastruktur für diese Seidenstraße des 21. Jahrhunderts ist bereits in ihren Grundzügen erkennbar: Die Eisenbahnverbindung über die Strecke Chongqing–Xinjiang–Duisburg durch die Mitte des Eurasischen Kontinents dauert nur 16 Tage, über die Strecke Chengdu–Łódź (Polen) zwölf Tage – statt 40 bis 50 Tage auf See –, und sie kann nicht von Kriegsschiffen und Stützpunkten blockiert werden.

Was Xi in Duisburg nicht sagte, war, dass China eine Reihe solcher gigantischen Infrastrukturprojekte, allen voran Eisenbahnlinien, plant. Mit der Türkei ist eine Eisenbahnverbindung vereinbart, die von Kars an der östlichen Grenze der Türkei zu Armenien über das Landesinnere bis Istanbul verlaufen soll, wo sie an den Marmara-Tunnel anschließt, der gegenwärtig unter dem Bosporus gebaut wird, und von dort weiter nach Edirne nahe der Grenze zu den EU-Staaten Griechenland und Bulgarien geht.

Die türkische Neubaustrecke ist Teil einer weiteren, im Süden des Kontinents geplanten Eurasischen Landbrücke.

Sie beginnt an der Küste von Guandong, im wichtigsten Hafen Shenzen, und verläuft dann über Myanmar, Bangladesh, Indien, Pakistan, den Iran und die Türkei bis nach Europa.

Schon im Jahr 2011 hatte China eine nördlicher verlaufende Eurasische Landbrücke fertiggestellt, die vom Hafen Lianyungang am Ostchinesischen Meer über Kasachstan und von dort über Russland und Osteuropa bis zum niederländischen Hafen in Rotterdam verläuft. Die Strecke hat eine Länge von 10 900 Kilometern. Im Mai desselben Jahres wurde die tägliche Bahnfrachtverbindung zwischen dem belgischen Hafen Antwerpen und Chongqing, dem Industriezentrum im Südwesten Chinas, eröffnet. Der Seetransport zwischen beiden Häfen dauert 36 Tage, auf den Schienen ist die Fracht nur 20 bis 25 Tage unterwegs.

Die erste Eurasische Landbrücke besteht übrigens schon seit 1916, als die Transsibirische Eisenbahn fertiggestellt wurde. Auf ihr braucht der »Peking-Hamburg-Container-Express« 15 Tage. Per Schiff geht es nicht schneller als 30 Tage.

Damit endet die Geschichte. Ich bin kein Eisenbahnromantiker, aber es ist eine interessante Parallele zu der Zeit vor 100 Jahren, dass erneut der Bau von Eisenbahnen ein Kriegsgrund sein könnte. Damals wie heute geht es darum, dass die führende Weltmacht um ihre Kontrolle fürchtet, die sie über die bisherigen, auf See verlaufenden, weltweiten Handelswege hat.

Muss es deswegen gleich zum Dritten Weltkrieg kommen? Keineswegs. Aber es haben sich in den vergangenen Jahren viele Faktoren angesammelt – wie ich in diesem Buch aufzuzeigen versuchte –, die den Verdacht nahelegen, dass der Kampf um Eurasien und damit der Kampf um die Vorherrschaft in der Welt jetzt in die entscheidende Phase tritt.

Dass diese Auseinandersetzung bisher überwiegend wirtschaftlich, nun aber zunehmend militärisch geführt werden wird, erscheint nach allen vorliegenden Fakten mehr als wahrscheinlich. Auch die Frage des Zeitpunkts, nach dem *Wann?*, dürfte nach dem Blick in Wirtschaft und Aufrüstung klar sein: innerhalb der nächsten fünf Jahre.

Was bedeutet das für Europa und Deutschland? Stellen sich die Europäer auf die Seite der USA in dieser Auseinandersetzung – wozu sie per NATO-Mitgliedschaft auch verpflichtet sind –, dann werden sie massiv in dieses eurasische Kräfteringen verwickelt werden. Sollte sich Europa entscheiden, eine Vermittlerrolle zwischen Russland, China und den USA zu spielen, dann muss es damit rechnen, dass die USA diesen Bündnisbruch nicht einfach hinnehmen werden. Derzeit gibt es keine Anzeichen, dass Europa diesen Schwenk vollzieht.

Europa und Deutschland können dennoch – auch ohne die NATO zu verlassen – auf die Konfliktparteien mäßigend einwirken. Man möchte meinen, das gebietet allein schon der Selbstschutz. Doch dazu bedürfte es der Vision eines gewaltfreien Europas, das zwischen den Großmächten vermittelt. Eines mit einer Stimme sprechenden Kontinents, der Verhandlungen als Ultima Ratio, als die letzte Möglichkeit der Politik ansieht. Einer Staatengemeinschaft, die sich nicht von der Propaganda der Kontrahenten anstecken lässt, sondern deren politische Ziele nüchtern analysiert.

Als Historiker höre ich nicht auf zu glauben, dass wir aus der Geschichte lernen können. Dass wir erkennen: Es gibt immer mehrere Möglichkeiten als nur eine Einbahnstraße in den Krieg. Freilich müssten wir jetzt anfangen, die derzeitige politische Entwicklung als das zu erkennen, was sie ist: der direkte Weg in den Dritten Weltkrieg.

Literaturverzeichnis

Adam, Birgit: *Checkliste Krisenvorsorge. Konkret gerüstet für den Notfall.* Berlin, München (Trinity) 2012

Atlas der Globalisierung. Hrsg. Le Monde diplomatique. 2012

Barnett, Thomas P. M.: *The Pentagon's New Map. War and peace in the twenty-first century.* New York (Berkley) 2004

Berghahn, Volker R.: *Sarajewo, 28. Juni 1914. Der Untergang des alten Europa.* München (dtv) 1997

Biermann, Werner und Klönne, Arno: *Ein Kreuzzug für die Zivilisation? Internationaler Terrorismus, Afghanistan und die Kriege der Zukunft.* Köln (PapyRossa) 2002

Brown, Tom: *Tom Brown's Field Guide to Wilderness Survival.* New York (Berkley) 1983

Brzezinski, Zbigniew: *Die einzige Weltmacht. Amerikas Strategie der Vorherrschaft.* Frankfurt/Main (S. Fischer) 1999

Brzezinski, Zbigniew: *The Choice: Global Domination or Global Leadership.* New York (Basic) 2004

Buch, Hans Christoph: *Black Box Afrika: Ein Kontinent driftet ab.* Springe (Klampen) 2006 ders.: *Standort Bananenrepublik. Streifzüge durch die postkoloniale Welt.* Springe (Klampen) 2004

Burke, Jason: *Al-Qaida. Wurzeln, Geschichte, Organisation.* Düsseldorf und Zürich (Patmos) 2004

Chiari, Bernhard und Pahl, Magnus (Hrsg.): *Auslandseinsätze der Bundeswehr.* Paderborn (Schöningh) 2010

Chossudovsky, Michel: *Das Szenario des Dritten Weltkriegs.* Rottenburg (Kopp) 2012

Dallaire, Roméo: *Handschlag mit dem Teufel: Die Mitschuld der Weltgemeinschaft am Völkermord in Ruanda.* Frankfurt/Main (Zweitausendeins) 2005

Dyer, Gwynne: *Schlachtfeld Erde. Klimakriege im 21. Jahrhundert.* Stuttgart (Klett Cotta) 2010

Engdahl, F. William: *China in Gefahr: Wie die angloamerikanische Elite die neue eurasische Großmacht ausschalten will.* Rottenburg (Kopp) 2014

Fukuyama, Francis: *Der Konflikt der Kulturen.* München (Knaur) 1997

Fukuyama, Francis: *Staaten bauen. Die neue Herausforderung internationaler Politik.* Berlin (Propyläen) 2004

Grandt, Marion und Michael: *Das Handbuch der Selbstversorgung. Überleben in der Krise.* Rottenburg (Kopp) 2010

Hamer, Eberhard und Heike (Hrsg): *Wie kann der Mittelstand die Globalisierung bestehen?* Unna (Aton) 2005

Hardt, Michael und Negri, Antonio: *Empire. Die neue Weltordnung.* Frankfurt/Main (Campus) 2002

Hirn, Wolfgang: *Der nächste Kalte Krieg: China gegen den Westen.* Frankfurt/Main (S. Fischer) 2013

Huntington, Samuel P.: *Der Kampf der Kulturen. Die Neugestaltung der Weltpolitik im 21. Jahrhundert.* München, Wien (Europa) 1996

Jacques, Martin: *When China Rules The World.* London (Penguin) 2012

Kagan, Robert: *Macht und Ohnmacht. Amerika und Europa in der neuen Weltordnung.* Berlin (Siedler) 2003

Kagan, Robert: *Die Demokratie und ihre Feinde. Wer gestaltet die neue Weltordnung?* Berlin (Siedler) 2008

Kissinger, Henry: *Die Herausforderung Amerikas. Weltpolitik im 21. Jahrhundert.* Berlin (Propyläen) 2002

Kleber, Claus und Paskal, Cleo: *Spielball Erde. Machtkämpfe im Klimawandel.* München (C. Bertelsmann) 2012

Konzelmann, Gerhard: *Insch'Allah. Der Kampf um Glaube und Öl.* München (Herbig) 2002

Kronberger, Hans: *Blut für Öl. Der Kampf um die Ressourcen.* Wien (Uranus) 1998

Lautsch, Siegfried: *Kriegsschauplatz Deutschland. Erfahrungen und Erkenntnisse eines NVA-Offiziers.* Potsdam (Militärgeschichtliches Forschungsamt) 2013

Markham, Brett L.: *Mini-Farming. Autark auf 1000 Quadratmetern.* Rottenburg (Kopp) 2011

Markus, Uwe: *Schlachtfeld Deutschland. Die Kriegseinsatzplanung der sowjetischen Streitkräfte in der DDR.* Berlin (Militärverlag) 2011

Münkler, Herfried: *Der Große Krieg. Die Welt 1914–1918.* Berlin (Rowohlt) 2013

Orzechowski, Peter: *Am Vorabend des Dritten Weltkriegs. Was Hellseher für unsere nahe Zukunft prophezeien und was politische Fakten bestätigen.* Rottenburg (Kopp) 2013

Rahr, Alexander: *Wladimir Putin – Der ›Deutsche‹ im Kreml.* München (Universitas) 2000

Rinke, Andreas und Schwägerl, Christian: *11 drohende Kriege. Künftige Konflikte um Technologie, Rohstoffe, Territorien und Nahrung.* München (C. Bertelsmann) 2012

Rode, Bernhard: *Das Eurasische Schachbrett. Amerikas neuer Kalter Krieg gegen Russland.* Tübingen (Hohenrain) 2012

Roth, Jürgen: *Der stille Putsch. Wie eine geheime Elite aus Wirtschaft und Politik sich Europa und unser Land unter den Nagel reißt.* München (Heyne) 2014

Sauermann, Ekkehard: *Neue Welt-Kriegs-Ordnung. Die Polarisierung nach dem 11.September 2001.* Bremen (Atlantik) 2002

Sandschneider, Eberhard: *Globale Rivalen. Chinas unheimlicher Aufstieg und die Ohnmacht des Westens.* München (Hanser) 2007

Scholl-Latour, Peter: *Kampf dem Terror – Kampf dem Islam? Chronik eines unbegrenzten Krieges.* Berlin (Propyläen) 2002

Scholl-Latour, Peter: *Russland im Zangengriff. Putins Imperium zwischen Nato, China und Islam.* Berlin (Propyläen 2006)

Sonne, Werner: *Staatsräson? Wie Deutschland für Israels Sicherheit haftet.* Berlin (Ullstein) 2013

Strizek, Helmut: *Geschenkte Kolonien. Ruanda und Burundi unter deutscher Herrschaft.* Berlin (Ch. Links) 2006

Susbielle, Jean-François: *China–USA. Der programmierte Krieg.* Berlin (Propyläen) 2007

Talbott, Strobe: *Das Zeitalter des Terrors. Amerika und die Welt nach dem 11. September.* Berlin (Propyläen) 2002

Ulfkotte, Udo: *Vorsicht Bürgerkrieg! Was lange gärt, wird endlich Wut.* Rottenburg (Kopp) 2011

Ulfkotte, Udo: *Unruhen in Europa. Der Vorsorgeplan für Staatsbankrott, Zwangsenteignung und Bürgerkrieg.* Rottenburg (Kopp) 2014

Vidal, Gore: *Ewiger Krieg für ewigen Frieden. Wie Amerika den Hass erntet, den es gesät hat.* München (Europäische Verlagsanstalt) 2002

Zinn, Howard: *Amerika, der Terror und der Krieg.* Freiburg (Herder) 2002

Zumach, Andreas: *Die kommenden Kriege. Ressourcen, Menschenrechte, Machtgewinn – Präventivkrieg als Dauerzustand?* Köln (Kiepenheuer&Witsch) 2005

Weiterführende Internetseiten

www.acus.org – *The Atlantic Council of the United States*
www.bpd.de – Informationsportal Krieg und Frieden der Bundeszentrale für politische Bildung
www.brookings.edu/default.htm – *The Brookings Institution*
www.carnegieendowment.org – *Carnegie Endowment for International Peace*
www.cfr.org – *Council on Foreign Relations*
www.csis.org/index.php – *Center for Strategic and International Studies*
www.deutscheatlantischegesellschaft.de
www.egmontinstitute.be – *The Royal Institute for International Relations*
www.gmfus.org/template/index.cfm – *The German Marshall Fund of the United States*
www.heritage.org – *Heritage Foundation*
www.iiss.org – *International Institute for Strategic Studies*
www.isis-europe.org – *International Security Information Service, Europe*
www.isn.ethz.ch – *International Relations and Security Network*
www.janes.com – *Jane's Defence Weekly*
www.Nato.int/structur/library/library-e.htm – NATO-Dokumente
www.Nato-pa.int – *NATO Parliamentary Assembly*

www.Nato.int/docu/review.htm – *NATO Review*
www.Nato.int – NATO
www.ndc.Nato.int – *NATO Defence College*
www.ndu.edu/inss/insshp.html – *Institute for National Strategic Studies, National Defence University*
www.opencrs.com – *US Congressional Research Service*
www.rusi.org – *Royal United Service Institute for Defence and Security Studies*
www.securitydefenceagenda.org – *Security and Defence Agenda*
www.sipri.org – *Stockholm International Peace Research Institute*
www.transatlantic.sais-jhu.edu/index.htm – *Center for Transatlantic Relations, John Hopkins University*
www.ubka.uni-karlsruhe.de/kvk/iblk – Internationale Beziehungen

Andere interessante Internetseiten:
www.alles-schallundrauch.blogspot.com
www.buergerstimme.com
www.deutsche-wirtschafts-nachrichten.de
www.ef-magazin.de
www.epochtimes.de
www.gegenfrage.com
www.geolitico.de
www.german.ruvr.ru
www.hinter-der-fichte.blogspot.com
www.hintergrund.de
info.kopp-verlag.de
www.mmnews.de
www.de.ria.ru
www.voltairenet.org
www.veteranstoday.com
www.z-e-i-t-e-n-w-e-n-d-e.blogspot.com